El libro de los
ÁNGELES

Pablo Martín Ávila

*A mi madre, Consuelo, mi otro
ángel de la guarda.*

© 2013, Editorial LIBSA
c/ San Rafael, 4
28108 Alcobendas. Madrid
Tel. (34) 91 657 25 80
Fax (34) 91 657 25 83
e-mail: libsa@libsa.es
www.libsa.es

ISBN: 978-84-662-2603-5

Colaboración en textos: Pablo Martín Ávila
Edición: equipo editorial LIBSA
Diseño de cubierta: equipo de diseño LIBSA
Maquetación: equipo de maquetación LIBSA
Documentación y fotografías: archivo LIBSA

Queda prohibida, salvo excepción prevista en la ley, cualquier forma de reproducción,
distribución, comunicación pública y transformación de esta obra
sin contar con la autorización de los titulares de la propiedad intelectual.
La infracción de los derechos mencionados puede ser constitutiva de delito
contra la propiedad intelectual (art. 270 y ss. del Código Penal).
El Centro Español de Derechos Reprográficos vela
por el respeto de los citados derechos.
DL: M 21881-2012

Presentación

Las siguientes páginas del libro están dedicadas a realizar un pormenorizado repaso de las características individuales de los ángeles más destacados. Las pequeñas «biografías» que se van a abordar corresponden a una descripción concisa, centrada en el contexto bíblico en el que cada ángel ha desarrollado sus tareas más reconocidas. También analizaremos el poder de intercesión concreto, o principales virtudes, que la tradición reconoce a cada ángel. Finalizaremos cada entrada con una pequeña oración individual, a modo de sugerencia, para solicitar la intercesión angélica ante Dios.

No es posible conocer el número de ángeles que existen. De hecho, los teólogos tienden a pensar que es infinito y que no está sujeto a una cantidad mesurable o contable por nuestro intelecto. Las Sagradas Escrituras abonan esta línea de pensamiento en diferentes pasajes bíblicos.

En el libro de Daniel leemos: «Yo estuve mirando hasta que fueron colocados unos tronos y un anciano se sentó. Su vestidura era blanca como la nieve y los cabellos de su cabeza, como la lana pura; su trono, llamas de fuego, con ruedas de fuego ardiente. Un río de fuego brotaba y corría delante de él. Miles de millares lo servían, y centenares de miles estaban de pie en su presencia. El tribunal se sentó y fueron abiertos unos libros» (Dn 7,9-10). El libro de los Salmos dice así: «El Señor pronuncia una palabra y sus huestes de mensajeros anuncian la noticia» (Sal 68,12).

En el Nuevo Testamento los Padres de la Iglesia han reconocido múltiples pasajes en los que se adivina el número infinito de ángeles. Bastan dos ejemplos: el de textos con más interés en la catequesis, como la parábola de las cien ovejas (Lc 15,1-5) y también en las alegorías de prosa poética del Apocalipsis que relata: «Y después oí la voz de una multitud de Ángeles que estaban alrededor del trono, de los seres vivientes y de los ancianos. Su número se contaba por miles y millones, y exclamaban con voz potente: El Cordero que ha sido inmolado es digno de recibir el poder y la riqueza, la sabiduría, la fuerza y el honor, la gloria y la alabanza» (Ap 4,11). Santo Tomás de Aquino, siguiendo los estudios de San Dionisio, considera la preponderancia del número de ángeles y su infinitud como una característica de su perfección como criaturas espirituales.

Los ángeles son seres creados, por lo tanto con un comienzo, pero al no estar hechos de materia no se corrompen y no tienen un fin, una muerte. Por este razonamiento diferentes angeólogos han considerado que el número de ángeles no crece porque fueron creados en un único instante previamente a la existencia del mundo material, pero tampoco decrece porque no mueren. Es necesario indicar que es la tradición, y no propiamente las Escrituras, la que ha dado orden y nombre a los principales ángeles. El judaísmo cifra en 72 los ángeles más importantes del Cielo, ocho por cada uno de los nueve coros angélicos. Por lo tanto, cada una de las tres jerarquías esta integrada por 24 ángeles. Aunque hay otros estudiosos del *Talmud* que rebajan la cifra inicial a 70. En las páginas siguientes analizaremos una importante selección de ellos:

- **La primera jerarquía**, compuesta por los serafines, querubines y tronos, es la que ha sido considerada más elevada por su extrema cercanía a Dios y su continua comunión espiritual con Él. Los tres coros que la conforman reciben de manera directa la iluminación divina.
- **La segunda jerarquía**, integrada por dominaciones, potestades y virtudes, se ocupa principalmente de asistir a los ángeles de la primera jerarquía y transmitir los designios de Dios a los ángeles custodios.
- **La tercera jerarquía**, como ya hemos visto, es la más cercana a los hombres. La mayor parte de los ángeles a los que la Biblia se refiere pertenece a uno de estos tres coros angélicos: principados, arcángeles y ángeles.

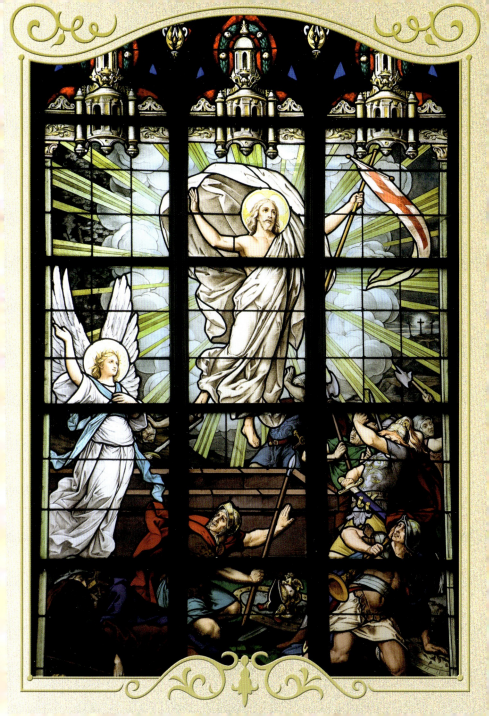

En las páginas siguientes la oración que acompaña a cada comentario ha de servirnos de sugerencia para poder dirigirnos al ángel que nos ocupa. Nunca debemos olvidar que el centro de la fe cristiana es Dios, su hijo Jesucristo y el Espíritu Santo. Los ángeles son seres espirituales, más perfectos que nosotros, creados por Dios para acercarnos a Él. Hemos de dirigirnos a ellos con respeto, devoción y cariño. Pero sin olvidar que su labor es de intermediación y que el poder que tienen se lo ha dado Dios. La intención de este libro y su autor es la de poner en valor la figura de los ángeles desde el respeto a la fe cristiana.

El contenido de este LIBRO

En este volumen se han explicado todos los aspectos relativos a la naturaleza de los ángeles para entender la jerarquía establecida entre los enviados directos de Dios para ayudar a los hombres. Estos son los pasajes incluidos:

Los ángeles, enviados de Dios ✦ ¿Quiénes son los ángeles? ✦ El cristianismo y los ángeles ✦ Los ángeles en el Antiguo Testamento ✦ Los ángeles en el Nuevo Testamento ✦ El Apocalipsis ✦ La devoción a los ángeles ✦ Los ángeles custodios ✦ ¿Cómo y por qué se aparecen los ángeles? ✦ Jerarquía angélica: de la tradición judía a Santo Tomás ✦ Serafines ✦ Querubines ✦ Tronos ✦ Dominaciones ✦ Potestades ✦ Virtudes ✦ Principados ✦ Arcángeles ✦ Ángeles

En el cuadro que aparece a continuación están los ángeles según la organización jerárquica a la que corresponde cada uno de ellos. El análisis individualizado se hará por orden alfabético.

División

PRIMERA JERARQUÍA

SERAFINES
Achaiah • Cahetel • Elemiah • Jeliel • Lelahel • Sitael • Vehuiah

QUERUBINES
Aladiah • Hahaiah • Hariel • Haziel • Hekamiah • Lauviah • Mebael • Iezael

TRONOS
Caliel • Haheuiah • Leuviah • Melahel • Nelkhael • Pahaliah • Yeiayel

SEGUNDA JERARQUÍA

DOMINACIONES
Haaiah • Lecabel • Nith-Haiah • Omael • Reiyel • Seheiah • Vasariah • Yerathel

POTESTADES
Aniel • Chavakiah • Haamiah • Ielazel • Lehahiah • Menadel • Rehael • Nanael

VIRTUDES
Arial • Hahahel • Mihael • Mikael • Seheliah

TERCERA JERARQUÍA

PRINCIPADOS
Daniel • Hahasiah • Imamiah • Mebahiah • Nithael • Poyel • Vehuel

ARCÁNGELES
Gabriel • Israfel • Miguel • Rafael • Uriel

ÁNGELES
Damabiah • Eyael • Habuhiah • Haiaiel • Jabamiah • Manakel • Mumiah • Rochel

Introducción

«La existencia de seres espirituales, no corporales, que la Sagrada Escritura llama habitualmente ángeles es una verdad de fe» (Catecismo de la Iglesia católica, 328).

Los ángeles son una de las pocas verdades de fe del cristianismo que despiertan curiosidad, interés y respeto tanto en creyentes como en no creyentes de todo el mundo. Prácticamente todas las religiones conocidas recogen la existencia de los ángeles, de un modo o de otro. Se trata de unas figuras espirituales que sirven de asistentes a la voluntad divina, así como agentes de guía y cuidado para los hombres en su vida diaria. Esta unanimidad nos da una idea de la importancia que ha tenido el estudio de los ángeles a lo largo de la historia de la religión.

A lo largo de las siguientes páginas, daremos a conocer de una manera accesible los rasgos que definen a los seres angélicos, su estudio y las características individuales de los principales ángeles. Comenzaremos analizando qué son realmente los ángeles. ¿Son seres completamente espirituales o pueden tener forma humana? ¿Están dotados de libre albedrío? ¿Cuántos ángeles existen? ¿Tienen sexo los seres angélicos? Estas cuestiones irán dibujando una imagen clara de la naturaleza angélica, así como de su función de enviados de Dios para el contacto directo con los hombres.

El cristianismo es la religión que con mayor interés ha tratado, definido y explicado la existencia de los ángeles. Desde el principio de los tiempos, los ángeles se han ido apareciendo a los hombres para transmitir mensajes de Dios, para advertirnos de peligros inminentes o para protegernos de numerosas calamidades. El cristianismo considera esencial la creencia en los ángeles; sin ellos no se entenderían muchas de las grandes intervenciones de Dios en la historia de la salvación. Pero la imagen y el conocimiento de los ángeles no ha sido una verdad revelada en un momento concreto a

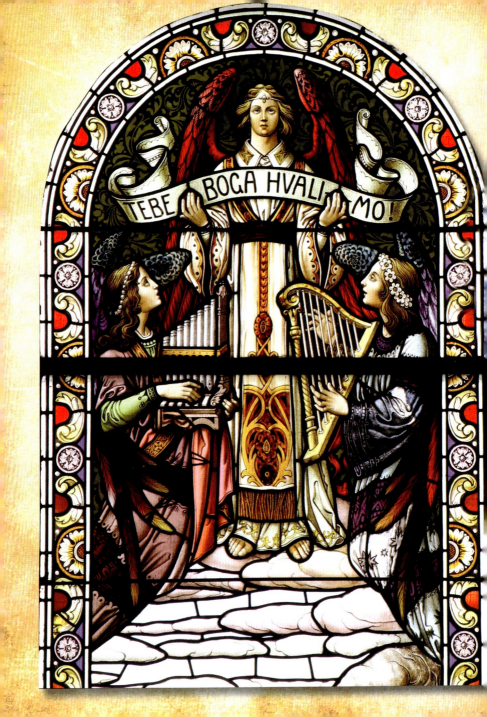

alguien determinado, sino que la debemos al estudio de su presencia en las Sagradas Escrituras y al trabajo realizado por numerosos Santos y Padres de la Iglesia.

En este volumen veremos cómo, desde el mismo Génesis, los ángeles van apareciendo de manera puntual pero creciente a lo largo de las Escrituras. Ellos fueron los encargados por Dios de custodiar el árbol de la vida en el Jardín del Edén, o de advertir a Abrahám que Dios le había escuchado y finalmente no debía sacrificar a su primogénito. Estas intervenciones nos van dando a conocer la verdadera naturaleza de los ángeles. Más adelante, en el Nuevo Testamento, sus apariciones están ligadas de manera indisoluble a la figura de Cristo. Analizaremos sus indispensables intervenciones en los momentos cruciales de la vida de Jesús: recordemos que es un ángel el que anuncia a María que ha sido elegida para ser la madre del Hijo de Dios; también los ángeles están presentes durante la predicación de Jesús, su pasión, muerte y resurrección.

La muerte, resurrección y ascensión a los Cielos de Jesucristo no supuso el fin de la intervención angélica en la vida del hombre. Los Apóstoles en el desarrollo de la Iglesia primitiva y los Santos a lo largo de los más de 2.000 años de vida del catolicismo han dejado constancia de las importantes tareas realizadas por los ángeles hasta nuestros días. No olvidaremos tampoco destacar la labor que en el Apocalipsis se otorga a los ángeles como ejército de Dios y encargados de organizar el Juicio Final.

Los «siervos más cercanos a Dios» es uno de los títulos que se utilizan para denominar a los ángeles. Esta cercanía a la esencia divina ha hecho que los hombres siempre hayan recurrido a los ángeles para solicitar su intercesión ante Dios. A lo largo de los siglos, la devoción a los ángeles ha ido creciendo y extendiéndose. Conoceremos cómo la Iglesia reconoce esta devoción y la distinguiremos de algunas doctrinas que no siempre han seguido la ortodoxia de la fe. Así, existe una rama de la angeología que, partiendo de la tradición judeocristiana y de los estudios cabalísticos, ha derivado en nuevas teorías sobre los ángeles que aúnan astrología zodiacal, corrientes de pensamiento *new age* y autoayuda.

También analizaremos una de las características más entrañables y universales de los ángeles: su tarea de custodia del hombre. Los ángeles custodios son los seres espirituales a los que Dios encarga la vigilancia y cuidado concreto de cada persona. Numerosos Santos han dejado testimonios orales y escritos de la verdadera existencia de un ángel que habita con cada hombre. Su presencia es permanente y su encargo divino, único. Algunos Santos incluso han desarrollado una verdadera relación y familiaridad con su ángel custodio, llegando a observar su presencia a diario a lo largo de su vida. En este libro conoceremos la manera de tratar y acercarnos, por medio de la devoción, a nuestro ángel de la guarda.

A medida que vayamos profundizando en el estudio y conocimiento de la angeología, descubriremos algunos de los momentos históricos en los que los ángeles se han hecho presentes a los hombres. En un apartado especial analizaremos de qué manera y por qué los ángeles se aparecen a las personas. Pero, ante todo, intentaremos dar respuesta a la siguiente cuestión: ¿Cómo es posible que seres íntegramente espirituales tomen una forma determinada para ser reconocidos por nuestros sentidos humanos?

Más adelante repasaremos las diferentes categorías de ángeles que existen. Tanto en las Sagradas Escrituras como en los estudios de San Agustín o Santo Tomás, hemos encontrado respuesta y explicación a la catalogación y jerarquía de los ángeles. Explicaremos también que esta división de los coros angélicos en subdivisiones tiene más relación con la tarea que Dios tiene encargada a cada grupo de ángeles que con una diferencia radical en su esencia. Y en la segunda parte de este libro, el lector encontrará descripciones específicas así como la historia y características de más de medio centenar de ángeles. Todos ellos han cumplido importantes misiones a lo largo de la historia religiosa. No sólo los más famosos como San Gabriel, San Rafael o el ángel que atemorizó a Egipto, sino también otros muchos que, con su historia concreta, despertarán en nosotros una especial devoción e interés. A cada ángel le acompaña una oración de invocación con la que podemos solicitar su ayuda e intercesión.

Los ángeles, enviados de Dios

La creencia en la existencia de entes espirituales encargados de cumplir las órdenes de un ser superior (Dios) ha estado presente en las religiones del mundo desde el principio de los tiempos. Existen pruebas arqueológicas que demuestran que, ya en el Neolítico, los hombres creían en seres alados que podían ser tanto portadores de bendiciones como responsables de aplicar terribles castigos. Más adelante, las religiones politeístas crearon una completa mitología que sustentaba el culto realizado a espíritus que daban a conocer al hombre la voluntad de los dioses y ejecutaban sus órdenes. En Mesopotamia, cuna de la civilización antigua, sumerios y acadios practicaban la adoración a los llamados *sukalli*, seres alados con rango de semidioses, cuya misión era proteger al hombre de las acciones de los espíritus malignos.

El mazdeísmo, la religión de Zoroastro, fue una de las primeras religiones monoteístas. En sus escritos se

encuentran referencias a los *amesha-spentas*, unos hombres con grandes alas que colaboraron con Mazda, el dios de la luz, en la creación del mundo. En la mitología griega, Hermes era el encargado de transmitir los mensajes de los dioses. Resulta curioso que la representación artística de este mito destaque por las alas de su cabeza y pies. Bastan los anteriores apuntes históricos para constatar que en el pensamiento del hombre, en diferentes culturas y en todas las épocas, ha habido contacto con seres alados que no eran percibidos como iguales a nosotros. Con estas referencias se entiende mejor la posición capital que ocupa el estudio de los ángeles en la tradición judeocristiana.

Desde el judaísmo existen referencias a seres espirituales que se encuentran ante Dios y cumplen sus órdenes de manera reverencial. La tradición, recogida en *El Paraíso perdido*, de Milton, nos detalla el episodio del ángel caído que retó a Dios dando comienzo a la eterna lucha entre el bien y el mal. La Biblia destaca en más de 300 ocasiones la existencia de los ángeles. Esta cantidad de referencias en las Sagradas Escrituras sólo se sitúa detrás de las dedicadas al propio Dios, Jesucristo, los profetas más

importantes del Antiguo Testamento, o las enseñanzas posteriores de los Apóstoles. El dato nos hace ver la importancia que tienen los ángeles en el plan divino y la historia de la salvación humana. En este libro vamos a poder conocer cómo unos autores han dado a los ángeles el título de «ejército celestial». Otros los han llamado «agentes secretos de Dios». En definitiva, son diferentes matices en torno a una misma idea sobre la que no existe discusión doctrinal alguna: LOS ÁNGELES SON LOS ENVIADOS DIRECTOS DE DIOS PARA CUIDAR DE LOS HOMBRES.

Como ya hemos indicado, desde el comienzo del judaísmo los ángeles surgen en las Escrituras como los encargados de ayudar a los hombres en su lucha contra Satanás, el ángel caído. Esta faceta de contraposición al mal, y de lucha contra sus efectos, protagoniza los primeros estudios y tratados de angeología. Cuando acabó la ola de superstición apocalíptica que trajo consigo el fin del primer milenio del cristianismo, los estudios de la historia sagrada comenzaron a destacar otras facetas de la acción de los ángeles en nuestra vida cotidiana. Se evoluciona de una visión casi única de ejército celestial en permanente lucha contra las fuerzas del mal a la acción individual de los ángeles en la vida de cada hombre. Es en este momento cuando Santo Tomás y otros teólogos cristianos desarrollaron la ingente labor de recopilación de estudios de angeología que se produjo durante los primeros siglos de la Iglesia. Profundizaron también en el trabajo realizado a lo largo de los siglos por los sabios judíos y pusieron el foco sobre la labor de custodia que los ángeles hacen de cada persona.

La Iglesia del medievo trabajó intensamente en aclarar la verdadera naturaleza angélica, con su esencia exclusivamente espiritual, con el objetivo de terminar con la propagación de numerosas herejías que otorgaban a los ángeles una doble naturaleza humana y espiritual y que estaban prendiendo entre las gentes más sencillas de Europa. Como más tarde desarrollaremos, Santo Tomás se ha convertido en uno de los referentes de la angeología. Sus vastos conocimientos teológicos y su incansable necesidad de conocimiento le llevaron a trabajar para definir la naturaleza angélica. Su devoción e interés en esta materia han quedado constatados en numerosos escritos, llegando a

afirmar en la *Summa Theologiae* que «para la perfección de la creación se hace imprescindible la existencia de estas criaturas celestiales».

En la actualidad la doctrina católica destaca la imprescindible labor de los ángeles como colaboradores de Dios y asistentes de los hombres. Tras el Concilio Vaticano II quedó claro que la Iglesia no ha dudado jamás de la existencia de los ángeles, ni tampoco de su papel en el Reino de Dios, pero sí que especificó que «estos seres celestiales no son, en todo caso, ni semidioses ni mediadores banales entre Dios y los hombres […], son espíritus en su totalidad, con cargo de servicio, enviados a los que por el Hijo de Dios heredarán la bienaventuranza».

¿Quiénes son los ángeles?

Ángel es una palabra que deriva del termino latino *angelus*, que a su vez es una traducción del vocablo griego *anguelos*. Su significado es «mensajero, enviado». Pero esta denominación, como explicaba San Agustín, se refiere a la función que hacen los ángeles. Su verdadera esencia y lo que les describe se ajusta más a la descripción que otorga la palabra espíritu. San Agustín indicaba que los ángeles son espíritus, pero no por ser espíritus son ángeles. Cuando son enviados por Dios, se denominan ángeles. Pues la palabra ángel es nombre de oficio, no de naturaleza.

Los ángeles fueron creados por Dios antes que la materia visible o corporal. Pablo VI los llamó espíritus puros, por su esencia íntegramente espiritual. Es en el año 1215, durante el IV Concilio de Letrán, cuando la Iglesia explica cómo Dios, por su omnipresente virtud, creó de la nada las cosas espirituales (ángeles) para que le asistieran en su corte celestial. Más tarde se produjo la creación de la materia corporal, o lo que es lo mismo, las leyes físicas que rigen el Universo y la propia materia de la que se compone. Finalmente, unió materia espiritual y corporal creando al hombre.

No podemos asimilar las características que definen a los ángeles con las del hombre por provenir de diferentes conceptos de la creación. Por eso los ángeles no tienen sexo, ni cuando se aparecen a los hombres. Ellos tienen una inteligencia plena, no necesitan acceder poco a poco al saber, ni desarrollar su conocimiento, puesto que son espíritus puros. Por el contrario, a diferencia de lo que algunos estudiosos del *Talmud* proponían, la Iglesia reconoce a los ángeles la posesión de libertad y de voluntad propia en un grado de mayor perfección que las que disfrutamos los humanos. También podemos preguntarnos: ¿los ángeles aman? La tradición y los Padres de la Iglesia lo han afirmado con rotundidad. Los ángeles profesan un amor puro por su esencia espiritual que tiene su perfección en su amor a Dios. Pero también los ángeles se aman entre ellos porque amar al prójimo es la forma más bella de amor. No tenemos que confundir este amor con el cariño que profesan a los hombres, que es un amor de misericordia.

Si algo distingue radicalmente a los ángeles, o seres espirituales, del resto de la creación mundana es su inmortalidad. Así lo afirmaba Juan Pablo II: «Su fe puramente espiritual implica ante todo su no materialidad y su inmortalidad. Los ángeles no tienen un cuerpo (aunque en determinadas circunstancias se manifiestan bajo formas visibles a causa de la misión que Dios les encomienda) y, por tanto, no están sometidos a la ley de la corruptibilidad que une a todo el mundo material».

El cristianismo y los ángeles

La existencia de los ángeles es una verdad de fe para el cristianismo. Esta creencia que proviene de la tradición judía es aceptada por la Iglesia en el momento de su nacimiento. Cuando apenas han pasado unas décadas de la muerte de Jesús, el Apóstol San Pablo explicaba en una de sus catequesis: «En Él fueron creadas todas las cosas en los Cielos y sobre la Tierra, las visibles y las invisibles, sean los tronos, las dominaciones, los principados o las potestades […]».

La ratificación en la existencia de los ángeles dada por los primeros cristianos es un paso lógico si se tiene en cuenta la cantidad de apariciones angélicas que tuvieron lugar durante la vida de Jesús: desde el anuncio de su concepción, el cuidado de la Sagrada Familia en su huída a Egipto, hasta la atención que recibió de los ángeles en su pasión y muerte o la proclamación de su resurrección. Con el cristianismo los ángeles gozarán de una renovada devoción. Ellos protagonizan gran parte de los textos del Apocalipsis que los retrata como los guardianes y custodios del Cielo.

Durante siglos, y hasta nuestros días, la Iglesia y sus teólogos han desarrollado y acrecentado el estudio de la angeología. San Agustín, Santo Tomás, San Gregorio y otros muchos han detallado la labor de cuidado individual del hombre que realizan los ángeles. Numerosos Papas han centrado también buena parte de su labor pastoral en la predicación sobre las glorias angélicas y la necesidad de acrecentar el trato cotidiano con los ángeles.

En nuestros días Benedicto XVI ha dedicado diferentes exhortaciones a los ángeles. Para el Santo Padre los ángeles son el contrapunto de Satanás y han sido enviados por Dios para ayudar y guiar a los hombres. Hemos indicado que los ángeles, como seres espirituales, tienen una perfección mayor que la del hombre, pero Benedicto XVI ha aclarado que esta perfección no es aplicable a su relación con Jesús, pese a que Cristo se hizo hombre.

Los ángeles en el Antiguo Testamento

Más de 40 libros conforman el Antiguo Testamento. Todos ellos narran las vicisitudes de los israelitas, el Pueblo Elegido, a lo largo de los primeros milenios de nuestra era. Más adelante, la Iglesia añadió a estos volúmenes los libros que reflejaban la vida de Jesús y las enseñanzas de los Apóstoles configurando así la totalidad de la Biblia cristiana. Desde el Génesis, primero de los libros del Antiguo Testamento, hasta el Eclesiástico, último de ellos, se recoge la historia de la salvación y las diferentes formas en las que Dios se ha dado a conocer a los hombres. En este largo tiempo que transcurre entre la creación del mundo hasta las revelaciones de la ley judía a los profetas, los ángeles han tenido un importante papel protagonista.

Esta presencia de los ángeles no es constante. No aparecen en todos los libros que conforman las Escrituras. Desde su comienzo, la inspiración divina con la que se crearon los textos sagrados pone de manifiesto en el Génesis el papel de los ángeles. Tras expulsar a Adán y Eva del Paraíso, Dios encarga la vigilancia de sus puertas a dos querubines, que deben guardarlo e impedir el paso a todo hombre.

Pese a ello, en los primeros libros del Antiguo Testamento las referencias a los ángeles son escuetas. Para el prestigioso angeólogo español Jesús S. Bielsa la escasa manifestación inicial, creciente después, sobre todo desde el destierro de Israel, tiene una importante lógica interna y un desarrollo orgánico propio que está relacionado con la misma revelación divina. Dios no nos ha dicho todo de una vez, sino que se ha dado a conocer poco a poco, adaptándose a lo que el hombre era capaz de asimilar por sus circunstancias históricas.

En el caso de los ángeles, la progresiva muestra de sus características responde a la intención de reforzar primero la creencia en Dios y afianzar el monoteísmo. Es lógico que, frente al politeísmo imperante entre los pueblos de las diferentes épocas en las que transcurre la historia del Antiguo Testamento, Dios quiera que se le reconozca como Ser supremo y hacedor de la creación. El exceso de protagonismo inicial de los ángeles en la historia sagrada podía haber resultado confusa y llevar a equívocos. Algunas sectas judías los consideraron semidioses. Otras corrientes los asimilaban a los elementos cósmicos de los pueblos paganos. Por eso las Escrituras también se guardan de no presentarles como iguales a Dios.

La Iglesia no reconoce los estudios que afirman que la angeología del Antiguo Testamento fue adaptada de la filosofía persa. Mucho antes de esta posible influencia histórica los libros del Antiguo Testamento ya describían la existencia de los ángeles y su actividad. A ellos se les reconocía el papel de enviados de Dios y mensajeros divinos para transmitir los planes de salvación al hombre. Aunque en la segunda parte de este libro analizaremos con detalle los datos que conocemos de los diferentes ángeles que han asistido a los hombres a lo largo de la historia religiosa, se hace oportuno realizar ahora un somero apunte de las principales apariciones angélicas del Antiguo Testamento.

Ya hemos indicado que son nombrados por primera vez al recibir el encargo divino de custodiar la entrada al Jardín del Edén para que nadie pudiera llegar al árbol de la vida. Posteriormente cobran un papel destacado durante todo el libro del Génesis. Su presencia es continua en la vida de Abrahám donde se remarca la función

de mensajeros de Dios desde que salen al encuentro del profeta junto a la encina de Mambré. Pocas páginas más adelante, en el ataque a Sodoma, la labor de los ángeles se torna en ejecutora de la justicia divina y en protectora de los justos que estaban retenidos en la corrupta ciudad. En posteriores libros se les presenta como integrantes de la corte celestial. El profeta Samuel los describe junto a Dios custodiando su trono o arrastrando su carro. Es Ezequiel el que comienza a dar una idea de la jerarquía angélica que siglos después se desarrollaría íntegramente al afirmar que «Dios se asentaba sobre los querubines», indicando que el resto de ángeles permanecía bajo ellos y siguiendo un orden jerárquico.

La labor de los ángeles ha sido muy variada en el Antiguo Testamento, llegando incluso a buscar alimento para los fieles. Así se recoge en el libro de los Reyes cuando Elías huye de Jezabel. Las primeras descripciones de la forma física que adoptan los ángeles en sus apariciones las podemos encontrar en el libro de Emmanuel. En él se relata la visión de Isaías en la que describe a los serafines así: «Cada uno tenía seis alas, con un par se cubrían la faz [...]».

Como más tarde abordaremos, son las visiones de Daniel las que mejor retratan a estos seres espirituales. Él nos da a conocer el nombre de alguno de los ángeles más conocidos: Gabriel y Miguel, a los que más tarde el profeta Tobías añadirá Rafael.

Encontramos abundante presencia angélica en los Salmos. Este libro está compuesto de cinco volúmenes y son una recapitulación realizada por sacerdotes hebreos de los cantos usados en la liturgia. Fue muy popular su empleo especialmente en el periodo del segundo templo de Jerusalén. El libro consta de 150 salmos y ocupa una de las cumbres de la poesía religiosa. En ellos descubrimos la bondad divina que ayuda a Israel por medio de sus ángeles. Son particularmente explícitos los salmos 8 y 90. En ellos el autor alaba a Dios porque: «Ha dado órdenes a sus ángeles para que te guarden en todos los caminos. Te llevarán en sus palmas para que no tropiece tu pie en piedra alguna» (Sal 90,11-12).

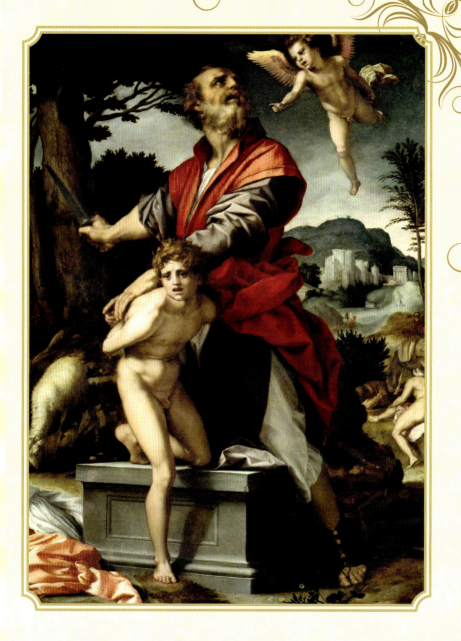

Los ángeles en el Nuevo Testamento

El Nuevo Testamento comprende 27 libros referidos a la vida de Jesús, los Evangelios. Los comienzos de la Iglesia de la mano de los Apóstoles y su labor de catequesis están recogidos en los Hechos de los Apóstoles y las epístolas de San Pablo y otros autores. Para concluir con el volumen dedicado al Juicio Final y la segunda venida de Cristo a la Tierra, está el Apocalipsis.

Todos estos escritos tienen como protagonista indiscutible a Jesús. Su vida, obra y la repercusión de la iglesia que fundó están presentes en cada versículo. En este contexto la labor angélica ocupa un lugar destacado. Ellos siempre están presentes en los momentos relevantes de la vida de Jesús, como en su nacimiento, muerte y resurrección. Esta acción angélica se extiende también a la predicación apostólica y culmina con gran protagonismo en el texto apocalíptico de San Juan que analizaremos en páginas posteriores.

Una vez que Cristo ha venido al mundo y ha dado cumplimiento a la promesa de redención que Dios hizo al hombre en el Antiguo Testamento, el perfil del trabajo de los ángeles se centra en su misión al servicio de Cristo y sus seguidores, la incipiente Iglesia, con el objetivo de ayudarles a ganar la salvación eterna.

También en el Nuevo Testamento se nos ofrecen nuevas pinceladas del carácter angélico que nos hacen profundizar en su conocimiento. En el libro del Apocalipsis se destaca la labor mediadora de los ángeles al indicarnos que presentan ante el Trono de la Gloria las peticiones y las alabanzas de los hombres. Gracias a San Lucas abundamos en el amor angélico al conocer que los ángeles se alegran ante el arrepentimiento del hombre por sus pecados. Los Hechos de los Apóstoles ponen de manifiesto la imprescindible ayuda de los ángeles que recibió la Iglesia primitiva. Sin su concurrencia es posible que el cristianismo no hubiera sobrevivido.

Resulta sorprendente, pero muy reveladora, la importancia que los ángeles ocupa en el plan de Dios y también que el Nuevo Testamento comience con la presencia angélica. Si en el Génesis Dios cerraba el Jardín del Edén a los hombres y ordenaba a los ángeles que lo vigilaran, la salvación humana comienza en el Nuevo Testamento con el anuncio de la concepción de Jesús, por parte del arcángel San Gabriel, a la Virgen María. Con ambos comienzos de las Escrituras surge un bello efecto, tanto espiritual como literario: se cierra así el círculo iniciado al principio de los tiempos tras el pecado original, y ahora los hombres pueden volver a acceder a la gracia divina.

Durante la vida de Jesús los ángeles cuidan en cada momento del Hijo de Dios. Así lo vemos en episodios como el nacimiento en Belén, la posterior huída a Egipto por la persecución desatada por Herodes, o la presentación ante el templo para dar cumplimiento a las profecías mesiánicas. La vida pública de Jesús comenzó también con la presencia de los ángeles. En esta ocasión le ayudaron a contener las tentaciones que

Satanás le presentaba durante su cuarentena de ayuno. En la predicación de Jesús las referencias a los ángeles tienen una constante presencia. Él ilustra la armonía celestial y el amor de Dios a los hombres con metáforas y relatos sobre los ángeles. En el Evangelio de San Mateo encontramos la mayor de las pruebas sobre la labor de custodia angélica cuando Cristo dice: «Mirad que no despreciéis a uno de estos mis pequeños, porque os digo que sus ángeles en los Cielos contemplan siempre el rostro de mi Padre» (Mt 18,10).

Es en la pasión, muerte y resurrección de Jesús cuando asistimos a un intenso trabajo por parte de los ángeles y a una más profunda meditación sobre el poder que Cristo tiene sobre ellos. Los ángeles asisten a Jesús, pero siempre a sus órdenes como Hijo de Dios. El mismo Cristo reconoce que a una palabra suya los ángeles podían evitar su muerte, pero él no quiere que así sea porque conoce su destino y acepta libremente su sacrificio.

Según se avanza en el estudio de los 27 libros del Nuevo Testamento comprobamos cómo los ángeles, tras la resurrección de Jesús que ellos mismos anunciaron, realizan todo tipo de acciones para asegurar la supervivencia material y espiritual de los primeros cristianos. Ellos mostraban el camino a los discípulos, los salvaban de sus tribulaciones, comunicaban fielmente los mensajes divinos y respondían a las invocaciones de los seguidores de Cristo.

Aunque a lo largo de estas páginas los analizaremos con más detalle, basta destacar como ejemplos del trabajo de los ángeles durante la formación de la Iglesia momentos como la liberación de San Pedro de la prisión judía en la que estaba confinado; o el conmovedor relato de la tradición sobre la asunción de la Virgen María a los Cielos rodeada de ángeles. De esta forma los mensajeros de Dios no cejan en su trabajo de ayudar a los hombres y guiarles en el camino de la salvación.

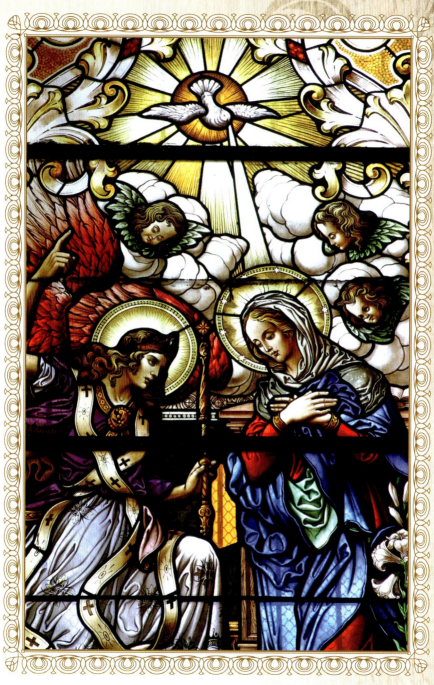

El Apocalipsis

La Biblia finaliza sus páginas con el libro sagrado más desconcertante y del que se han escrito numerosos estudios que intentan descifrar sus misterios. El Apocalipsis cierra las Sagradas Escrituras describiendo la visión profética de San Juan sobre el fin del mundo. A este texto el lector ha de acercarse despojado de los prejuicios sobre teorías mágicas o cabalísticas que han divulgado muchos autores en los últimos años. Formalmente, Apocalipsis es la traducción latina del verbo griego «revelar». Durante largo tiempo el volumen fue conocido como Libro de la Revelación. La obra es aceptada plenamente por el cristianismo, aunque para conocerla mejor hay que tener en cuenta que se escribió con un estilo de literatura profética judía que estaba muy de moda en el siglo I d.C.

La tradición ha otorgado su autoría al Apóstol San Juan, hijo de Zebedeo. Él, imbuido en un sueño, recibe el don de la videncia y Jesús, desde el Cielo, le ilumina para relatar con múltiples metáforas la profecía sobre su segunda venida al mundo. El vidente escribió el Apocalipsis con el propósito de confortar a los primeros cristianos porque eran perseguidos furiosamente por Domiciano, quien exigía que sólo se adoraran sus propias estatuas y se autoproclamaba «hijo de Dios», cosa que los cristianos negaban.

En este contexto de fuerte presión contra los creyentes se corría el peligro de que la gente cayera en la apostasía. La Iglesia reconoce que San Juan insta a los cristianos a permanecer fieles a su fe y enfrentar sus problemas con fortaleza. Él los anima con la promesa de una recompensa amplia y rápida. Con la venida de Cristo serán vengadas las penas de los cristianos: sus opresores serán entregados al juicio y a los tormentos eternos, se producirá la resurrección de los mártires y todos compartirán el nuevo Reino de Cristo.

El Apocalipsis está dividido en tres partes. La primera está compuesta por cartas de exhortación que son el preámbulo de la profecía. La segunda se centra en la sabiduría de Jesús y la metáfora de los siete sellos que precederán al Juicio Final. En cada uno de los sellos están escritos los decretos eternos de Dios. La tercera parte, la más bella desde el punto de vista literario, es la culminación de la lucha entre el bien y el mal. La visión de San Juan concluye con la reconstrucción de la Tierra y el Cielo, así como con una bendición.

En todas las páginas del Apocalipsis los ángeles son coprotagonistas del drama que se relata. Algunos autores han expresado que: «Sólo la lectura del Apocalipsis se asemeja a un pentagrama cuajado de notas, que son los ángeles, sin las que el libro tendría continuos huecos». Ellos son los que abren las puertas del Cielo, rodean el trono de Dios, custodian los rollos de los siete sellos o luchan contra la bestia, símbolo del demonio.

También encontramos diferentes tipos de ángeles, ordenados según su jerarquía, y cada uno cumple una misión concreta. Este libro transmite como ningún escrito anterior la total sintonía entre Dios y sus ángeles. Ellos son sus pies, sus manos y sus brazos, dan cumplimiento a sus sentencias, ejecutan sus órdenes y defienden a los Hijos de Dios. Su relación y confianza mutuas son constantes en el relato bíblico.

Es recomendable leer, o releer, a fondo el libro del Apocalipsis para poder admirar en toda su extensión las diferencias entre los ángeles y las muy diversas labores que Dios les encarga.

La devoción a los ángeles

El cristianismo entiende la devoción como un acto personal y voluntario de la práctica de la religión por cada individuo. Santo Tomás lo definió como «la voluntad pronta de hacer lo que atañe al servicio de Dios». Por eso la devoción en el cristianismo siempre está orientada a Dios y no al culto, que rozaría el paganismo, a ángeles, Santos o la Virgen María. La Iglesia entiende que la devoción debe de estar enmarcada dentro de la gloria y alabanza a Dios.

¿Por qué existe entonces la devoción a los ángeles? La respuesta la encontramos en que toda la creación divina responde a un orden. Las criaturas espirituales y las materiales nos encontramos situadas dentro de una jerarquía. Los hombres, siempre con el fin último de acercarnos a Dios, podemos solicitar la ayuda y alabar las bondades de los seres superiores. En esta organización del mundo espiritual y material los ángeles, debido a su naturaleza completamente espiritual, se encuentran en una situación de mayor cercanía a Dios que los hombres. Los ángeles tienen el encargo divino de ayudar a los seres humanos en su camino hacia la salvación.

La voluntad de Dios por crear el mundo con una determinada jerarquía también implica su intención de que los hombres desarrollemos un trato amistoso y de confianza con los seres, espirituales y humanos, que pueden acercarnos a Él. En este trato se incluyen las manifestaciones de agradecimiento, reconocimiento o la imploración y solicitud de ayuda o favores. Los ángeles son «herramientas» que Dios pone a nuestra disposición para que construyamos con mayor garantía el puente que nos une a Él y a nuestra salvación. La Iglesia distingue entre la devoción genérica a los ángeles, la que se realiza a los ángeles custodios y que analizaremos en las próximas páginas, o la especial devoción a los arcángeles San Gabriel, San Miguel y San Rafael. Estos últimos merecen un especial cariño por parte de los cristianos, ellos han escrito con letras mayúsculas su nombre en la historia del hombre y han sido reconocidos por Dios como sus siervos más capaces.

Los ángeles custodios

San Jerónimo explica con gran elocuencia: «Qué grande la dignidad del alma, puesto que cada una tiene desde su nacimiento un ángel encargado de guardarla». Ya hemos explicado a lo largo de estas páginas que las Sagradas Escrituras nos ofrecen múltiples muestras de la existencia de los ángeles custodios. Dios ha encomendado a sus ángeles el cuidado de los hombres como le reconoció a Moisés en el libro del Éxodo al indicarle: «Mi ángel caminará delante de ti». También comprobamos en la vida de Lot la contraposición entre las dos funciones angélicas principales: ejecutores de la justicia de Dios y encargados de librar a cada hombre de numerosos males. En el Nuevo Testamento no existe ruptura de esta tradición judía y también encontramos una clara referencia a la promesa divina de ayudar a cada persona con la asignación en exclusiva de un ángel. En la Carta a los Hebreos leemos: «¿No son todos ellos (los ángeles) espíritus servidores con la misión de asistir a los que han de heredar el Reino de Dios?».

La tradición de la Iglesia ha dado forma por medio de los Santos y de las enseñanzas de los Papas a la realidad de los ángeles de la guarda. Ellos custodian cada alma con el objetivo de que sea perfeccionada con su salvación eterna. Santo Tomás ahonda más en los diferentes aspectos prácticos de la custodia angélica y nos enseña que todo ángel, con independencia de su grado jerárquico, puede ser enviado a nuestro mundo como guardián de un alma. Pero reconoce que lo más habitual es que sólo los ángeles de los órdenes inferiores reciban esta misión. Durante años ha existido la controversia teológica para saber si sólo los bautizados recibían el honor divino de tener un ángel de la guarda. San Basilio zanjó esta disputa argumentando, en una reflexión sobre el Salmo 43, que todo ser humano, desde el mismo momento de su concepción, recibía el honor de disponer de un ángel custodio.

Gracias a Santo Tomás también sabemos que los ángeles de la guarda nos ayudan de múltiples maneras: desde su aparición ante los ojos de su custodiado y desarrollando con esa persona un trato directo, hasta la manera más habitual que supone actuar sobre

nuestros sentidos, la imaginación o los sueños. Este contacto nunca implica la imposición de una manera de actuar porque la principal norma que los ángeles custodios guardan es el respeto a la libre voluntad del ser humano con la que Dios nos creó. Al final de la vida, cuando nos desprendemos de la naturaleza material, nuestro ángel custodio no se separa de nosotros.

¿Cómo y por qué se aparecen los ángeles?

Los ángeles intervienen en la vida de los hombres de muy diversas maneras. Ya se ha hecho referencia a su actuación por medio de los sentidos o los sueños de las personas. Sin duda la manera más directa de contacto con el hombres es la aparición física. La tradición y las Escrituras dan cuenta de gran número de apariciones angélicas a lo largo de los tiempos, aunque lógicamente este método de relación de los ángeles con el hombre es el menos habitual. Los ángeles se aparecen a Daniel o Tobías, acompañan en el camino a la Tierra Prometida a los israelitas o anuncian a Isabel que concebiría a San Juan el Bautista. El problema reside en explicar desde un punto de vista teológico la extraña conjunción de su naturaleza espiritual en un mundo material como el nuestro.

Los estudiosos de la angeología coinciden en indicar que en lo que respecta a las apariciones no cabe entenderlas dentro de los esquemas espacio-temporales que nos son habituales. Es fundamental recordar que los ángeles son espíritus. Cuando ellos se manifiestan, no lo hacen con un cuerpo material propio. A este fenómeno se le ha denominado utilización de un cuerpo «situacional momentáneo». Es un cuerpo antropomórfico que es una imagen sensible con la que llevan a cabo la misión que les ha sido encomendada. Este cuerpo es el necesario para la situación y el momento en el que actúan. Dios les otorga la facultad de tomar un cuerpo para aparecerse ante las personas y poder realizar su labor determinada en nuestro tiempo físico. Los ángeles no pueden cambiar ni transformarse. Pero su esencia espiritual sí que les permite lo que se ha llamado «cambio local» o adaptación a las normas físicas de un determinado entorno sin tener que desplazarse por ellas. De una manera más gráfica, podemos decir que la actuación de cada ángel en nuestro mundo material es la suma de sus apariciones.

En cuanto al tiempo de su aparición, rige la misma lógica anterior. Los ángeles, como espíritus que son, no se encuentran sujetos al límite temporal de los humanos. Ellos son eviternos, es decir, no tienen tiempo. En su alma espiritual no se produce

ningún cambio y, por lo tanto, si no hay movimiento no hay tiempo. Para una comprensión más acertada podemos convenir que existen tres categorías temporales: la de Dios, que es eterno; la de los ángeles, que son eviternos, que han tenido principio pero no tienen fin; y la de los hombres, que tenemos un principio y un fin material.

Los ángeles están situados en un lugar superior al del hombre dentro del esquema de la creación. Su trabajo como mensajeros entre Dios eterno y los hombres temporales les confiere unas características duales que en ocasiones son difíciles de conocer. Este es su mayor misterio y el objeto de análisis más concienzudo por parte de los angeólogos.

Jerarquía angélica: de la tradición judía a Santo Tomás

Como hemos venido desarrollando, desde el mismo comienzo de la historia sagrada los teólogos han dedicado gran esfuerzo a estudiar y conocer la naturaleza angélica. Uno de los temas que más interés ha despertado radica en las diferencias que puedan existir entre los ángeles: sus categorías, jerarquía u orden. Estos estudios han coincidido en determinar que en las Escrituras no existe una cerrada y definitiva enumeración de las diferentes categorías de ángeles. La principal dificultad para determinar con total exactitud las propias diferencias entre los seres espirituales reside en nuestra naturaleza material, que tampoco puede llegar a comprender en toda su extensión las distinciones entre ellos.

Existe la certeza de que los ángeles no son una categoría uniforme e igualitaria. A lo largo de los siglos los rabinos judíos y más tarde los Santos y Padres de la Iglesia han ahondado en la Escritura y en la tradición oral para poder descubrir pistas y momentos de la revelación que apuntaran detalles sobre la jerarquía angélica. En primer lugar hay que destacar que Dios, con su intervención directa o por medio de los profetas, da a conocer en incontables ocasiones que su ejército celestial está compuesto de diferentes coros angélicos. Esta confirmación de la existencia de categorías entre los ángeles es la que lleva a iniciar la búsqueda de las clases y características de cada una de ellas.

Las referencias a los diferentes coros angélicos se encuentran diseminadas a lo largo del Antiguo Testamento: Ezequiel habla de los querubines orantes, Isaías hace referencia a los serafines, los Salmos no concretan y sólo se refieren a los ángeles… No es hasta el Nuevo Testamento cuando encontramos de una manera más clara un intento de enumeración de categorías angélicas. San Pablo en sus epístolas indica: «[…] lo hizo sentar a su derecha en el Cielo, elevándolo por encima de todo Principado, Potestad, Poder o Dominación que pueda mencionarse» (Ef 1,21) y «porque en Él fueron creadas todas las cosas, tanto en el Cielo como en la Tierra, los seres visibles y los invisibles, Tronos, Dominaciones, Principados y Potestades: todo fue creado por medio de Él y para Él» (Col 1,16). Los nombres a los que hace referencia San Pablo provienen de la tradición oral judía. Sin duda son coros angélicos con rango distinto y un orden interno. El Apóstol sólo recoge y pone por escrito esta clasificación, pero no se detiene en definir su jerarquía ni el alcance de la misma.

Es San Ambrosio el que en el siglo IV une las categorías encontradas en el Antiguo Testamento y las que San Pablo enumera dando lugar a la primera clasificación angélica en nueve órdenes. Sólo un siglo y medio más tarde el Pseudo-Dionisio Aeropagita realizó un profuso estudio de sistematización y orden tanto de la doctrina como de la propia estructura de la Iglesia. En su obra De Coelesti Hierarchia sobre la jerarquía celestial el Aeropagita introdujo la novedad de subdividir los nueve coros angélicos en tres órdenes o grupos. Estos estudios tuvieron posteriormente una fuerte influencia en teólogos como San Gregorio Magno que con total rotundidad afirma: «Sabemos por la autoridad de la Escritura que existen nueve órdenes de ángeles: Ángeles, Arcángeles, Virtudes, Potestades, Principados, Dominaciones, Tronos, Querubines y Serafines».

No es hasta la publicación de la obra de Santo Tomás cuando la angeología vuelve a dar otro paso de gigante. Es el Doctor Angélico el que avanza una nueva clasificación de las categorías de ángeles atendiendo al criterio de su mayor o menor cercanía a Dios en el Cielo. Santo Tomás establece la primera jerarquía, la más cercana, compuesta por serafines, querubines y tronos. La segunda jerarquía u orden lo componen dominaciones, virtudes y potestades. En la tercera sitúa a los principados, arcángeles y ángeles. Desde que en el siglo XIII Santo Tomás estableciera esta clasificación la Iglesia la ha adoptado como referencia dentro de su liturgia. Si bien es cierto que con posterioridad algunos teólogos cristianos han realizado otras propuestas de ordenación de las categorías de los ángeles, ninguna de ellas ha tenido el eco y el predicamento suficiente como para sustituir a la realizada por Santo Tomás. Desde su publicación hace más de siete siglos tanto los Padres de la Iglesia como los sucesores de San Pedro han adoptado en su totalidad las teorías del Doctor Angélico y dado por válidos sus profundos estudios de la naturaleza angélica.

Tal como indicábamos al comienzo de este capítulo, hemos comprobado cómo las Sagradas Escrituras no realizan una enumeración detallada y ordenada de la jerarquía interna que rige sobre los ángeles. Han sido la tradición y las enseñanzas de reputados teólogos los que con sus estudios han ido conformando las actuales categorías que han sido aceptadas por el sentir mayoritario de los cristianos. En las próximas páginas realizaremos un recorrido por las características principales de cada uno de los nueve coros angélicos.

Serafines

Ocupan la cúspide de la jerarquía angélica. Son el primer grupo del primer orden según la clasificación tomista que atiende al grado de cercanía a Dios. Para la mayoría de los expertos su nombre se deriva del verbo hebreo *seraph* cuyo significado es «consumirse en fuego». Esta etimología resulta sumamente imprecisa y otros estudios ven más oportuna su relación con un icono de la tradición judía que también se escribía *seraph*. Es el referido a la serpiente ígnea y voladora que aparece descrita en el libro de los Números y cuya imagen se encontraba en el Templo de Jerusalén en tiempos de Isaías. En realidad ambas teorías son complementarias puesto que comparten el origen conceptual tanto del vuelo como del fuego con los que se relaciona a los serafines en los escritos del Antiguo Testamento.

El libro de Isaías es la fuente principal de conocimiento sobre los serafines. La visión del profeta, de alto contenido espiritual y relatada en una prosa poética, describe con numerosos detalles la forma en la que se le aparecen los serafines. Isaías vivió en el siglo VIII a.C., emparentado con la familia real, y su obra se centra en la denuncia de la vida licenciosa de la clase dirigente hebrea y en el anuncio de la llegada del Mesías. Cuenta en su libro que un día cayó en éxtasis mientras se encontraba orando y tuvo una visión en la que se le presentó Dios sentado en su trono de gloria. Los serafines aparecen junto a Yahvé. Cada uno de ellos tiene seis alas que tenían diferentes funciones: un par les servía para cubrir su cara ante la presencia de Dios, el segundo aleteaba de manera continuada, y el tercero cubría sus pies.

Los serafines son los seres espiritualmente más cercanos a Dios. Esta situación privilegiada determina también su principal función en la creación: cantar y alabar la gloria de Dios. Tanto en la visión de Isaías como en otros episodios los serafines aparecen junto a Dios cantando sin cesar el himno de su gloria «*Kadosh, kadosh, kadosh Yahveh Sebeaot*». Este cántico se traduce en la liturgia judía y cristiana como «Santo, Santo, Santo es el Señor». Más tarde los ortodoxos orientales lo han transformado en su

famosa letanía del *trisagion*, «tres veces santo». En la iconografía religiosa se les reconoce también por la presencia de fuego o de brasas a su alrededor. La tradición les encomienda el don de elegir a los profetas y santificar con el fuego del amor de Dios sus labios para que sólo pueda salir de ellos la verdad de la revelación.

Querubines

Los querubines ocupan el segundo lugar dentro del primer orden de los coros angélicos. La palabra querubín etimológicamente significa «próximo», pero de una manera más amplia se utilizaba antiguamente con el sentido de máximo conocimiento, o proximidad al conocimiento. De esta opinión se mostraba San Agustín al realizar su estudio sobre el Salmo 80: «Querubín significa el Asiento de la gloria de Dios y se interpreta: plenitud de conocimiento. […] sin embargo, si quieres, tú también serás uno de los querubines. Porque si querubín significa Asiento de Dios, recuerda lo que dicen las Escrituras: El alma de los justos es el Asiento de la Sabiduría».

Existen diferentes teorías sobre la procedencia de los querubines. Todos los estudios consideran que en la configuración de varias de sus características superficiales se percibe una fuerte influencia de tradiciones ancestrales anteriores al judaísmo. Los primeros hebreos completaron conceptos de difícil abstracción, como la existencia de los seres espirituales con la ayuda de una cierta adaptación de mitos más cercanos que provenían de las religiones orientales. Algunos estudios han destacado el parecido entre los querubines y el mito babilónico de los Ka-ri-bu, seres alados cuya obligación era la protección de los templos del Reino.

En las tradiciones judía y cristiana los querubines han recibido el encargo de custodiar el Trono de Dios, el carro en el que se desplaza y los lugares santos que el Señor les indica. Esta labor de custodia física de lugares está continuamente presente en las apariciones de los querubines y ha sido reflejada en la iconografía religiosa. Ellos fueron los encargados de vigilar el Árbol de la Vida en el Jardín del Edén. Las Tablas de la Ley que Dios entregó a Moisés se guardaron en el Arca de la Alianza que estaba rematada por la figura de un querubín. Las Escrituras también nos relatan la presencia de los diferentes querubines como elemento de decoración, que estaba cargado de simbolismo, en el Templo del rey Salomón.

Su apariencia física también difiere a la del resto de ángeles. El profeta Ezequiel nos los describe en su visión: «En medio del fuego, observé la figura de cuatro seres vivientes, que por su aspecto parecían hombres. Cada uno tenía cuatro rostros y cuatro alas. Sus piernas eran rectas; sus pies, como pezuñas de ternero, y resplandecían con el fulgor del bronce bruñido» (Ez 1,5). Hay que destacar que en otras profecías bíblicas los querubines han sido descritos con una sola cara de apariencia humana.

Tronos

Es uno de los órdenes de ángeles menos conocido. Las escasas apariciones en los textos sagrados y su marcado carácter místico los rodea de un halo de misterio y profundidad religiosa. Nos encontramos ante unos seres espirituales que tienen gran contacto con el mundo material. Los tronos tienen una estrecha relación con las acciones de los hombres. Ellos son los encargados de supervisar el cumplimiento de la justicia divina en cada instante. La tradición les adjudica la potestad de mantener un registro infinito, que proviene del comienzo de la vida, de todos los actos de cada ser humano. Este registro es el que se abre tras la muerte de un hombre para que afrontemos el juicio divino que nos permitirá ganar la salvación y que nuestra alma comparta la vida eterna en el Cielo con Dios y sus ángeles.

El libro de Ezequiel también nos detalla la forma que adquieren los tronos al presentarse al profeta en su visión: «Yo miré a los seres vivientes, y descubrí que en el suelo, al lado de cada uno de ellos, había una rueda. El aspecto de las ruedas era brillante como el topacio y las cuatro tenían la misma forma. En cuanto a su estructura, era como si una rueda estuviera metida dentro de otra. Cuando avanzaban, podían ir en las cuatro direcciones, y no se volvían al avanzar. Las cuatro ruedas tenían llantas, y yo noté que las llantas estaban llenas de ojos, en todo su alrededor. Cuando los seres vivientes avanzaban, también avanzaban las ruedas al lado de ellos, y cuando los seres vivientes se elevaban por encima del suelo, también se elevaban las ruedas. [...] Ellos iban al lugar que los impulsaba el espíritu, y las ruedas se elevaban al mismo tiempo, porque el espíritu de los seres vivientes estaba en las ruedas. Sobre las cabezas de los seres vivientes, había una especie de plataforma reluciente como el cristal, que infundía temor y se extendía por encima de sus cabezas. Ellos estaban debajo de la plataforma con las alas erguidas, tocándose una a la otra, mientras las otras dos les cubrían el cuerpo» (Ez 1,13-20). Ya tras la llegada del cristianismo los tronos, en sus apariciones a los Santos, siempre se han presentado como anunciadores de un juicio inmediato o de una resolución definitiva a un problema que acuciaba a los hombres.

Dominaciones

Ocupan el primer lugar dentro de la segunda jerarquía angélica. Las dominaciones se han asociado tradicionalmente al grupo de ángeles que coordina y organiza las labores de los ángeles inferiores. Algunos angeólogos modernos han descrito muy gráficamente su trabajo como «el equipo de recursos humanos de Dios». San Pablo recuperó para el cristianismo la categoría angélica de las dominaciones. El Apóstol provenía de una familia con una potente formación religiosa. Sus conocimientos de la tradición judía le llevaron a incluir las dominaciones y la tradición judía existente sobre ellas a la nueva teoría cristiana.

En el judaísmo las dominaciones eran conocidas bajo el nombre de *hasmalin*, en referencia al primer ángel que se dio a conocer con esta categoría. En numerosas ocasiones son asociadas a las huestes del arcángel Rafael puesto que la tradición oral le ha erigido en jefe de las dominaciones. Estas se han asociado siempre a un continuo paso entre el mundo espiritual y material. Su labor de coordinación hace que sean una de las principales invocaciones de los santos para lograr la intercesión ante Dios. No existe una referencia clara a su aspecto físico cuando se aparecen a los hombres. Han sido descritas con cuerpo antropomórfico, con un único par de alas y artísticamente podemos distinguirlas por la profusión de joyas en sus ropajes. Habitualmente se les representa con túnicas blancas y verdes.

La sanación es el principal don espiritual que se asocia con las dominaciones. En la epístola a los Corintios se hace referencia a la capacidad que el Espíritu Santo otorga a los más destacados siervos de Dios. Por ello la tradición siempre ha recurrido a la intercesión de las dominaciones tanto para la mejora de la salud como para reclamar su protección a las instituciones de carácter sanitario. Resulta curioso observar que el verde y el blanco sean los colores con los que el arte, basado en la tradición, haya representado a las dominaciones, y que estos dos colores sean también los que mayoritariamente se utilicen en los centros hospitalarios.

Potestades

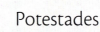

Las potestades o poderes representan la fuerza de acción del espíritu divino. Son un coro angélico que tiene una labor eminente de defensa del bien frente al mal. Los estudiosos han considerado que el de las potestades fue el primer orden de ángeles creado por Dios. El objetivo de su nacimiento fue encargarles el cuidado de que las fuerzas espirituales y materiales se desarrollaran según los designios divinos.

San Pablo hace también referencia a las potestades angélicas como un verdadero ejército al servicio de Dios. El Apóstol resalta su función de guardianes del orden cósmico, entendido como el conjunto de la creación divina, y la situación de liderazgo que Dios confirió a Jesús sobre todas las cosas: «[…] la extraordinaria grandeza del poder con que Él obra en nosotros, los creyentes, por la eficacia de su fuerza. Este es el mismo poder que Dios manifestó en Cristo, cuando lo resucitó de entre los muertos […] elevándolo por encima de todo Principado, Potestad y Dominación […]. Él puso todas las cosas bajo sus pies y lo constituyó, por encima de todo, Cabeza de la Iglesia […]» (Ef 1,19-23).

Existe el acuerdo entre los angeólogos más prestigiosos a lo largo de la historia religiosa de que gran parte del Apocalipsis se encuentra protagonizado por las potestades. Numerosos estudios confirman que este orden angélico, aunque no recibe una mención directa en el libro de San Juan, es el encargado de refrenar el avance de los ejércitos del mal en la gran batalla del Juicio Final. La tradición popular ha potenciado la alegoría de «ejército divino» que los teólogos confieren a las potestades. Por esta razón en la imaginería son representadas con un porte marcial: armaduras, cota de malla y otros elementos propios de la batalla son símbolos con los que el arte religioso retrata a este coro angélico. Ser los «guerreros de Dios» no sólo les hace destacar en los grandes momentos de la historia, sino que también tienen el encargo de trabajar con cada persona en el interior de su alma para que la voluntad se incline hacia el bien y no sucumba a la tentación del mal.

Virtudes

Ocupan un puesto intermedio en la jerarquía angélica, pero no por ello pasan desapercibidas. Las virtudes son uno de los coros de ángeles más queridos por los hombres a lo largo de todos los tiempos. La labor que tienen encomendada por Dios es la de trabajar sin descanso para realizar los milagros que los hombres suplican al Señor. Su importante contacto con nuestro mundo les ha convertido en una categoría de ángeles muy reconocida y activa en la vida de los Santos.

Las virtudes han sido protagonistas de incontables milagros. En el Nuevo Testamento destaca cómo uno de los actos en los que se les confiere mayor protagonismo fue cuando acompañaron a Jesús en su ascensión a los Cielos. Los evangelistas San Marcos y San Lucas narraron este hecho que también aparece reflejado en los Hechos de los Apóstoles. Pocos años más tarde la tradición también reconoce a las virtudes el honor de realizar la asunción de la Virgen a los Cielos. Su Santidad Pío XII proclamó en 1950 el dogma de fe de la Asunción. La Iglesia predica que la Virgen fue llevada al Cielo en cuerpo y alma tras finalizar su vida material. Este hecho es visto por los teólogos como el anticipo de la resurrección de todos los cristianos, y en el tránsito hacia la vida espiritual las virtudes ayudan a los hombres a dejar este mundo.

La representación iconográfica más extendida de las virtudes corresponde a la cara de un niño o un joven con unas alas, sin cuerpo ni otros atributos más que la cabeza y las alas en su parte anterior, siempre con una sonrisa y dando clara sensación de movimiento. La tradición hebrea las consideraba las portadoras de los rayos de sol por su rapidez para interceder ante Dios obrando cada jornada el fin de la oscuridad y trayendo de nuevo la luz necesaria para la vida. Es común caer en la confusión entre las virtudes como coro angélico y las virtudes o características del alma que han de ser cultivadas por el hombre para alcanzar la vida eterna. Todos los ángeles poseen en grado excelso numerosas virtudes y no sólo se aplican a la categoría que ahora conocemos y con la que comparten nombre.

Principados

La tercera jerarquía angélica es el último de los grupos en los que Santo Tomás dividió el mundo espiritual. Recordemos que su propuesta buscaba ordenar a los ángeles teniendo como punto de referencia su cercanía a Dios, máximo nivel espiritual, o a los hombres, nivel material. Los principados abren la última de las jerarquías, la que según Santo Tomás más cerca se encontraba de la humanidad.

Los principados tienen el raro honor de ser el coro angélico con menor número de referencias en las Escrituras. La tradición ha convenido que los seres espirituales que denominamos principados tienen el encargo de proteger a los grupos de hombres. En este sentido les son encomendados naciones, iglesias, razas, países, líderes mundiales… Su principal virtud es la sabiduría y, como tal, se les pide asistencia para ayudar a que las personas que ostentan un determinado cargo o responsabilidad puedan actuar conforme a los planes de Dios, y así procurar un mayor bien para las personas a su cargo, o sobre las que sus decisiones influyen.

En el Antiguo Testamento encontramos referencias al trabajo realizado por las potestades en defensa de Israel, el Pueblo Elegido por Dios. Así el libro del Génesis relata: «Dios escuchó la voz del niño, y el Ángel de Dios llamó a su madre desde el Cielo: ¿Qué te pasa?, le dijo. No temas, porque Dios ha oído la voz del niño que está ahí. Levántate, alza al niño y estréchalo bien en tus brazos porque yo haré de él una gran nación» (Gn 21,17-19). En el concepto de nación de este pasaje los teólogos ven una referencia a las futuras tribus que configurarían el pueblo de Israel. Cada una de ellas gozaba de la protección de un principado.

También en el Génesis encontramos la promesa hecha por los principados a Abrahám para cuidar a todas y cada una de las naciones de la Tierra: «[…] El

Ángel del Señor llamó por segunda vez a Abrahám desde el Cielo, y le dijo: Juro por mí mismo –oráculo del Señor– : porque has obrado de esa manera y no me has negado a tu hijo único, yo te colmaré de bendiciones y multiplicaré tu descendencia como las estrellas del cielo y como la arena que está a la orilla del mar. Tus descendientes conquistarán las ciudades de sus enemigos, y por tu descendencia se bendecirán todas las naciones de la Tierra, ya que has obedecido mi voz» (Gn 21,20 ss).

En sus apariciones los principados han adoptado siempre un cuerpo material con características humanas. Esta categoría de ángel siempre se ha manifestado con sólo dos alas en sus apariciones.

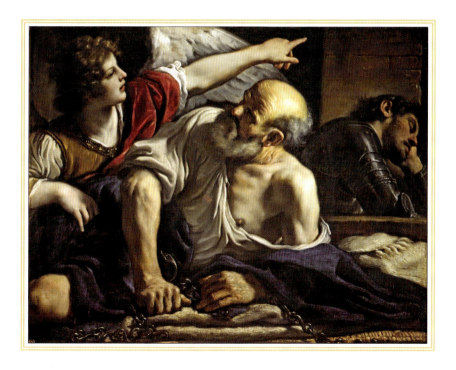

Arcángeles

Los arcángeles, por su papel protagonista en los momentos más importantes de la historia sagrada, siempre han gozado de especial cariño y devoción por parte de las personas religiosas. La palabra arcángel proviene de la unión del prefijo griego *archos*, que significa «superior» o «principal», y la palabra ángel. De esta manera, y como así ocurre en la jerarquía angélica de Santo Tomás, los arcángeles son los más destacados espíritus entre los ángeles.

San Miguel, San Gabriel y San Rafael son los arcángeles más conocidos de la tradición judeocristiana. Dios les ha encomendado la tarea de mantener el orden en su creación. Ellos lideran otros coros angélicos y realizan las misiones más delicadas de intervención entre los hombres. San Miguel es el «Jefe de los ejércitos de Dios». San Gabriel es considerado como el mensajero divino por excelencia: anunció el nacimiento de Juan el Bautista y de Jesús. San Rafael es el ángel protagonista del libro de Tobías; acompañó al profeta en su camino y por eso es el protector de las personas que emprenden un viaje. Las referencias a los arcángeles como coro angélico están repartidas a lo largo de la Biblia. En el libro de Zacarías encontramos: «Yo tuve una visión durante la noche: Había un hombre montado en un caballo rojo. Estaba parado entre los mirtos que se encuentran en la hondonada, y detrás de él había caballos rojos, alazanes, negros y blancos. Yo pregunté: ¿Quiénes son estos, mi Señor? Y el ángel que hablaba conmigo me respondió: Yo te indicaré quiénes son estos. El hombre que estaba entre los mirtos dijo: Estos son los que el Señor envió a recorrer la Tierra» (Zc 1,8-10). Es en el libro de Tobías donde se nos indica el número de los arcángeles: «Yo soy Rafael, uno de los siete arcángeles que están delante de la gloria del Señor y tienen acceso a su presencia» (Tb 12,15).

Entre los cristianos no existe unanimidad a la hora de reconocer un número concreto de arcángeles. Las Iglesias católica y ortodoxa festejan y honran a los tres principales y aceptan la existencia de cuatro arcángeles más, siete en total. La Iglesia copta añade a San Uriel entre los principales y mantiene en siete el número reconocido. Los Testigos de Jehová únicamente reconocen un arcángel, San Miguel. También el islam reconoce la existencia de arcángeles. Los seguidores de Mahoma cifran en diez el número total de arcángeles y destacan como principal a San Gabriel. Para ellos los arcángeles tienen el encargo divino de regir sobre cada uno de los grupos de ángeles en defensa de la verdadera fe.

Su aspecto ha sido descrito en numerosos pasajes bíblicos. Toman forma humana y tienen dos alas, pero los arcángeles principales están revestidos de unos símbolos concretos que analizaremos al hablar de cada ángel en su capítulo correspondiente. Hay que destacar que cuando los arcángeles se encuentran ante Dios, pueden adoptar la forma de una antorcha: «Del trono salen relámpagos y fragor y truenos; delante del trono arden siete antorchas de fuego, que son los siete espíritus de Dios» (Ap 4,15).

Ángeles

El último de los órdenes angélicos no es el menos importante, ni el de menor categoría. Los ángeles, que es el nombre general que se da a todos los seres espirituales que han sido creados por Dios para su servicio, son también una categoría. Ocupan el tercer lugar en la tercera jerarquía. Esto significa que los ángeles, como categoría individual, son los espíritus puros más cercanos al hombre. Dentro de esta categoría se encuentran incluidos los ángeles custodios que han sido asignados a cada persona tras su concepción. Como más adelante analizaremos, su número es incontable y a la vez es el más extenso de cuantos coros angélicos existen. Los ángeles alcanzan su plenitud al vivir de Dios, contemplarle, adorarle y obedecer sus designios. En ellos se da plenitud a la labor de custodia del hombre que Dios ha encargado a los seres espirituales.

Los Santos y la catequesis de la Iglesia han animado durante siglos a que las personas desarrollemos un contacto directo y constante con el ángel de la guarda que Dios nos ha adjudicado. San Bernardo recomendaba: «Los ángeles suelen estar presentes a los que oran y deleitarse en los que ven levantar sus manos puras en la oración; se alegran de ofrecer a Dios el holocausto de la devoción como incienso agradable al Cielo».

En el año 800 se celebraba en Inglaterra una fiesta a los ángeles de la guarda y existe constancia de que la tradición oral ya en el año 1111 había extendido por toda Europa una oración a los ángeles custodios que todavía hoy día muchos cristianos utilizan: «Ángel del Señor, que por orden de su piadosa providencia eres mi guardián, custódiame en este día e ilumina mi entendimiento, dirige mis afectos, gobierna mis sentimientos, para que jamás ofenda a Dios Señor. Amén».

No es hasta el año 1680 cuando el Sumo Pontífice extendió a toda la Iglesia la fiesta de los Ángeles Custodios y ordenó que se celebrara cada mes de octubre.

Los
ÁNGELES

Achaiah
Ángel de la unción

ACHAIAH ES EL SERAFÍN QUE CONSAGRÓ
A ISAÍAS COMO PROFETA DE DIOS.

Gracias a las Sagradas Escrituras conocemos que Isaías era un joven de Jerusalén que pertenecía a una acomodada familia judía y había recibido una cuidada educación. En el año 740 a.C. su vida cambió por completo y dedicó el resto de sus días, más de cuatro décadas, a relatar las visiones que Dios le inspiraba.

Así relata cómo recibió directamente de Dios, y por medio del serafín Achaiah, la unción de sus labios y el encargo de difundir su palabra: «El año de la muerte del rey Ozías, yo admiré al Señor sentado en un trono elevado y excelso, y las orlas de su manto llenaban el Templo. Unos serafines estaban de pie por encima de él […] Yo dije: ¡Ay de mí, estoy perdido! Porque soy un hombre de labios impuros, y habito en medio de un pueblo de labios impuros; ¡y mis ojos han visto al Rey, el Señor de los ejércitos! Uno de los serafines voló hacia mí llevando en su mano una brasa que había tomado con unas tenazas de encima del altar. Él le hizo tocar mi boca, y dijo: Mira: esto ha tocado tus labios; tu culpa ha sido borrada y tu pecado ha sido expiado. Yo oí la voz del Señor que decía: ¿A quién enviaré y quién irá por nosotros? Yo respondí: ¡Aquí estoy: envíame! Ve, me dijo; tú hablarás a mi pueblo» (Is 6,1-10).

Achaiah utiliza una brasa, símbolo del fuego, para ungir al profeta de modo que sus coetáneos y las generaciones futuras comprendan que sus palabras son Palabra de Dios. Este serafín ha sido representado por la iconografía religiosa en unas ocasiones portando una brasa con una tenaza, o incluso con uno de sus pares de alas convertido en fuego.

<u>Oración para Achaiah</u>
Dios todopoderoso y eterno, Tú que elegiste al profeta Isaías por medio de tus serafines, te pido que tus ángeles unjan también mis labios para que como ellos sea mensajero de Dios y portavoz de la resurrección de tu hijo Jesucristo. Amén.

Aladiah
Ángel de la Alianza

ES EL QUERUBÍN QUE DIOS MANDÓ ESCULPIR EN LA PARTE SUPERIOR DEL ARCA DE LA ALIANZA QUE CONTENÍA LAS TABLAS DE LA LEY.

Los querubines conforman el grupo de ángeles que guardan la presencia de Dios. Esta custodia de su divinidad la realizan tanto en el plano espiritual, el Cielo o corte celestial, como en el ámbito terrenal, guardando el Arca de la Alianza.

La tradición conviene que Aladiah fue el querubín que Dios mandó esculpir en la parte superior del Arca que contenía las Tablas de la Ley. Durante el éxodo de Israel, Dios transmitió a Moisés los mandamientos y la ley judía; también le explicó los ritos religiosos que deberían realizarse hasta la llegada del Mesías. Yahvé guió a Moisés paso por paso para realizar los objetos ceremoniales necesarios para el correcto seguimiento de los ritos sagrados. El Libro del Éxodo lo refleja así al referirse a la construcción del Arca de la Alianza: «Tú harás un arca de madera de acacia, […] la recubrirás de oro puro por dentro y por fuera […]. En el arca pondrás las Tablas del Testimonio que yo te daré. También harás una tapa de oro puro […], en sus dos extremos forjarás a martillo dos querubines de oro macizo. El primer querubín estará en un extremo y el segundo en el otro, y los harás de tal manera que formen una sola pieza con la tapa» (Ex 25,10-21). Estas figuras de querubín custodiarían las Tablas de la Ley y todo el cofre se depositó en el lugar más sagrado del Templo de Jerusalén. En ese lugar permaneció hasta su desaparición tras las caída de Jerusalén en el año 587 a.C. Para el pueblo judío el Arca era el símbolo visible de la presencia de Dios y su protección.

Oración para Aladiah

Ángel santo, que velas por mi pobre alma y por mi vida, al igual que custodiaste el Arca de la Alianza, guárdame y no me desampares a causa de mis manchas. Dirígeme, oh poderoso, preservando mi cuerpo mortal. Toma mi mano débil y condúceme por el camino de la salvación. Amén.

Aniel
Ángel de los mártires

A ÉL LE CORRESPONDE EL QUINTO LUGAR
EN EL CORO DE LAS POTESTADES.

La escasa presencia del coro angélico de las potestades en gran parte de las Sagradas Escrituras se ve compensada con su protagonismo en el libro profético del Apocalipsis. Los primeros cristianos, influidos por el judaísmo, creyeron que Aniel se dedicaba a potenciar el cambio de vida en las personas. Las persecuciones religiosas que Roma llevó a cabo contra el cristianismo acentuaron que esta visión de cambio personal se relacionara con el martirio, como máximo ejemplo de conversión en las personas que se acercan a la figura de Jesucristo a pesar de las dificultades que eso conlleva.

La tradición ve representado a Aniel como el ángel que eligió a los mártires antes del inicio del Juicio Final en el Apocalipsis. En la visión profética Aniel aparece desde Oriente para pedir a los ángeles que custodian los puntos cardinales que no empiecen la devastación de la Tierra hasta que él no haya podido marcar con el sello de Dios a los elegidos, los mártires que serán resucitados. En un momento tan importante como el Juicio Final, los ángeles aparecen vestidos con sus túnicas blancas, también señalados con la palma del martirio y cantando loas de alabanza a Dios nuestro Señor.

El Apocalipsis nos relata el pasaje en el que el ángel repite la promesa del cuidado divino a los que entreguen su vida por la fe: «¿Quiénes son y de dónde vienen los que están revestidos de túnicas blancas? [...] Estos son los que vienen de la gran tribulación [...] El que está sentado en el trono habitará con ellos: nunca más padecerán hambre ni sed, ni serán agobiados por el sol o el calor» (Ap 7,12-14). Queda claro que estas personas se salvarán cuando llegue el Juicio Final que afectará a todos.

<u>Oración para Aniel</u>
Dios nuestro, Tú que nos has regalado la vida eterna por medio de la redención de tu hijo Jesucristo, dame la fortaleza para afianzar mi fe y ser digno de que tu ángel me reconozca entre los elegidos el día del Juicio Final y así poder disfrutar de tu gloria por toda la eternidad. Amén.

Arial
Ángel de la Asunción

Es el sexto ángel en el coro de las virtudes.

Su nombre judío significa «Dios Revelador», y es el ángel que se ha asociado como el espíritu que capitaneó al resto de virtudes durante la asunción de la Virgen María a los Cielos. Diferentes relatos apócrifos datados entre los siglos IV y V relatan con gran detalle el momento de la muerte y asunción de la Virgen.

Durante siglos lo que comenzó como una tradición, pues no se encontraba textualmente recogido en las Sagradas Escrituras, prendió en las gentes sencillas e influyó en los escritos de los Santos y Padres de la Iglesia. La creencia se afianzó a lo largo de los siglos y en 1950 Su Santidad Pío XII proclamó como materia de fe católica el dogma de la Asunción. Historia, leyenda y tradición se dan la mano en un relato que nos acerca a los últimos años de la vida de María, hasta que le sobreviene la muerte rodeada de los Apóstoles y los discípulos de su hijo Jesús. Entonces se produce su resurrección, que tiene lugar en cuerpo y alma. Al igual que fue concebida libre del pecado original, también asciende a los Cielos de manera íntegra, siendo liberada de la espera para la resurrección de los cuerpos que llegará con el Juicio Final. Las representaciones que el arte ha realizado de este momento, así como las visiones que muchos santos y beatos han tenido, nos indican que la Virgen ascendió al Cielo rodeada de seres angélicos con cara aniñada y un único par de alas que brotaban tras la nuca. Arial lideraba este grupo de ángeles.

Oración para Arial

Virtudes y ángeles del Cielo, vosotros que disfrutáis de la presencia de Dios y participáis más intensamente de sus dones, interceded por mí ante Dios nuestro Señor para que al igual que glorificó a nuestra madre la Santísima Virgen María, tenga misericordia de mí, su siervo, y me conceda los dones que humildemente le solicito. Amén.

Cahetel, Elemiah y Jeliel

Ángeles de la alabanza

ESTOS TRES ÁNGELES PERTENECEN AL CORO DE LOS SERAFINES.

Las escasas apariciones de los serafines han estado relacionadas con visiones de profetas, santos o elegidos de Dios. Isaías fue el primero que nos reveló la existencia de este coro angélico dedicado a la alabanza litúrgica de Dios. El trisagio, tres veces santo, es el cántico que Isaías oye en su visión. En ella observa a unos serafines dirigiendo al resto de los espíritus angélicos. La tradición judía ha adjudicado a Cahetel, Elemiah y Jeliel la dirección de este coro. Los hebreos adoptaron este cántico para la liturgia en el Templo de Jerusalén. En los primeros años de la Iglesia, varios santos creyeron ver en la triple repetición de la alabanza a Dios un avance de la revelación de la Santísima Trinidad.

La tradición oral cuenta que a mediados del siglo V d.C. en el reinado de Teodosio el Joven, Constantinopla sufrió un devastador terremoto, durante el cual las gentes vieron a un niño que fue arrebatado en los aires por manos invisibles. Cuando volvió en sí, contó que había sido admitido en el coro de los ángeles y les había oído cantar: «Santo Dios, Santo fuerte, Santo inmortal, tened misericordia de nosotros». El niño expiró después de contarlo. Ante el milagro los testigos comenzaron a entonar el cántico y desde entonces pararon las réplicas del terremoto y la naturaleza volvió a su curso. La tradición cree que el niño, un alma pura, fue admitido a la presencia angélica de Cahetel, Elemiah y Jeliel para aprender su canto de alabanza.

Oración para Cahetel, Elemiah y Jeliel

Serafines del Altísimo, vosotros que gozáis de la eterna presencia
de Dios y cantáis sin cesar el himno de su gloria, interceded
por mí ante el que es Santo, Santo, Santo para que escuche mis plegarias.
Amén.

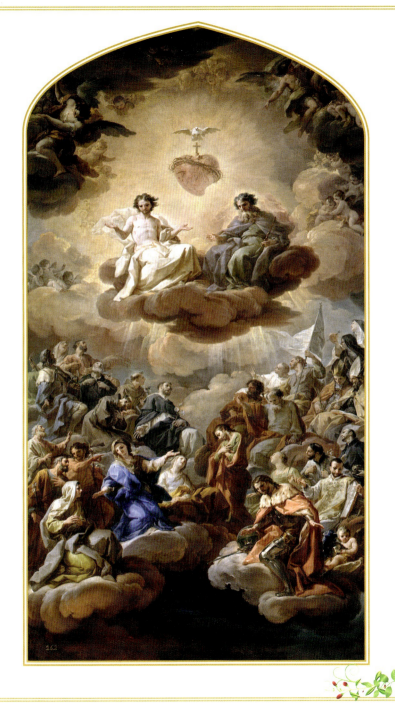

Caliel
Ángel de la vida rural

CALIEL SE INCLUYE EN EL CORO ANGÉLICO DE LOS TRONOS.

Los tronos aparecen con diferentes formas en sus apariciones. Unas veces como una rueda que gira con una llama en su interior, y ojos en el borde de los aros de giro. Otras lo hacen con la forma física común al resto de coros angélicos, y con un único par de alas. Los judíos consideraban que Caliel premiaba los sacrificios que hacían las personas por amor a Dios. Su nombre significaba «Dios pronto a socorrer». Sus apariciones se relacionan con la ayuda que Dios presta a sus hijos más devotos. Caliel ofrece su intercesión para aliviar los momentos en los que el excesivo trabajo, o las distracciones de la vida moderna, desvían nuestra atención de Dios.

La tradición piensa que Caliel participó en los milagros que se obraron en la vida de San Isidro Labrador. El que fuera elevado a los altares como patrón de Madrid (España) vivió en la ciudad a caballo entre los siglos XI y XII. Cuenta la tradición que su devoción y cercanía a los sacramentos eran el centro de su vida diaria. Su trabajo como campesino encargado de las tierras de un importante noble de la villa debía ocuparle gran parte de las horas del día. Pero su fe le llevaba a que de camino a su trabajo hiciera parada diaria en las iglesias y ermitas que se encontraba en su ruta. Debido a esto, quedaban descuidados los menesteres de su profesión. Dios se apiadó de él y envió a uno de sus ángeles, que la tradición asocia con la figura judía de Caliel, para que mientras San Isidro oraba en las iglesias, el ángel guiara a los bueyes y arara el campo.

Oración para Caliel

Ángel del Señor ayúdame a sobrellevar los quehaceres diarios que me proporcionan sustento a mí y a mi familia. Te pido que me ilumines para que estas labores no me desvíen del camino de la devoción a Dios nuestro Señor.
Amén.

Chavakiah
Ángel de la hospitalidad

CHAVAKIAH PERTENECE AL CORO DE LAS POTESTADES.

Cuenta la tradición que en la época de fundación de la orden franciscana, a comienzos del siglo XIII, unos frailes se encontraban en una ermita en medio de un bosque cuando unos fuertes golpes se oyeron desde la puerta. El hermano Maseo se acercó a la puerta y la abrió. Se encontró con un joven y guapo viajero con túnica blanca. El ángel Chavakiah le dijo que tenía prisa y necesitaba hablar con el hermano Francisco. Maseo le explicó que San Francisco se encontraba orando y tenían orden de no molestarle. El ángel pidió entonces que le atendiera el hermano Elías, pero este no quería levantarse y atender al viajero. El ángel dijo: «Elías no quiere venir, ¿verdad? Tranquilo, vete y cuéntale al hermano Francisco lo que ha ocurrido». Al saberlo, dio orden para que Elías fuera al encuentro del ángel. De mal agrado, Elías fue a la puerta y el ángel le dijo: «Apacíguate primero, la ira oscurece la mente y no te permite discernir la verdad». Cansado de la situación, Elías despidió al ángel. Cuando San Francisco volvió de su retiro de oración, conociendo toda la historia reprochó a Elías que su soberbia y su falta de caridad habían echado a un ángel del Señor.

La visita del ángel no sólo tuvo un efecto en los que presenciaron la aparición, sino que fue motivo de cambio para toda una orden religiosa. Gracias a esta intercesión, dicha orden todavía a día de hoy es reconocida por su hospitalidad y cuidado de enfermos, pobres y viajeros.

Oración para Chavakiah

Ángel de la hospitalidad, infunde en mi corazón la bondad de espíritu necesaria para, por medio de la atención a mis hermanos necesitados, acercarme a Dios y ser digno de su Reino.
Amén.

Damabiah
Ángel de la penitencia

ESTÁ RELACIONADO CON LA APLICACIÓN DE LA MÁS ESTRICTA VOLUNTAD DIVINA.

El ángel Damabiah ha aparecido en diferentes ocasiones a lo largo de las Escrituras y de la vida de los Santos. Uno de estos casos es la flagelación de San Jeremías, que fue uno de los Doctores de la Iglesia y realizó la traducción de la Biblia, la llamada Vulgata. Era de origen romano y su conversión no se produjo hasta poco después de su mayoría de edad. Fue criado entre la alta sociedad de la época, y las costumbres licenciosas del final del Imperio romano le llevaron a practicar una vida poco acorde con el cristianismo.

Tras su conversión, y decidido a imprimir un giro radical a su modo de vida, se trasladó a Tierra Santa para realizar un retiro espiritual como un anacoreta y poder dedicar todo su tiempo a estudiar las Sagradas Escrituras. Su pasión por los libros le llevó a interesarse también por los aspectos teóricos y teológicos de algunas herejías. Cuenta la tradición que durante un acceso de fiebre Jeremías soñó que era conducido ante un tribunal celestial presidido por el mismo Jesús.

Allí, rodeado de ángeles, y junto al que se ha identificado como Damabiah, Cristo le preguntó si era un cristiano verdadero o si era ciceroniano. Como tardó en responder, fue condenado a ser azotado por los ángeles y Damabiah cumplió el encargo divino. A la mañana siguiente San Jeremías despertó sin fiebre, pero con importantes contracturas musculares y marcas de azotes en su espalda. La flagelación ha sido un recurso utilizado durante siglos a modo de penitencia.

<u>Oración para Damabiah</u>
Señor Jesucristo, Tú que ordenaste a tu ángel flagelar a San Jeremías por los pecados cometidos, ten piedad de mí y disculpa mis faltas. Ruego a tus ángeles que habitan contigo en el Cielo para que intercedan por mí y me ayuden a cambiar mi vida.
Amén.

Daniel
Ángel de los cautivos

SE ENCUENTRA SITUADO EN EL CORO ANGÉLICO DE LOS PRINCIPADOS.

La tradición judía lo ha relacionado durante siglos con la misericordia divina. Nos encontramos ante uno de los ángeles más conocidos entre los cristianos. En el libro de los Hechos de los Apóstoles se continúa el relato del nacimiento de la Iglesia tras la muerte de Jesús. Los primeros cristianos se enfrentaban a la persecución de los judíos y de las autoridades civiles tanto de Israel como de Roma. En este ambiente se viven numerosos hechos milagrosos en los que ángeles de todos los coros se esfuerzan por guiar a los seguidores de Cristo en la fundación de la Iglesia. Entre estos relatos milagrosos se ha hecho muy conocido el protagonizado por el ángel Daniel. Las Escrituras nos trasmiten que: «Pedro estaba bajo custodia en la prisión de Herodes, […] Pedro dormía entre los soldados, atado con dos cadenas, y los otros centinelas vigilaban la puerta de la prisión. De pronto, apareció el ángel del Señor y […] sacudió a Pedro y lo hizo levantar, diciéndole: ¡Levántate rápido! Entonces las cadenas se le cayeron de las manos. El ángel le dijo: cúbrete con el manto y sígueme. Pedro salió y lo seguía […] Salieron y anduvieron hasta el extremo de una calle, y en seguida el ángel se alejó de Él» (Hc 12,5-10).

Los principados tienen el encargo de velar por la protección y bienestar no sólo de personas concretas, sino de grupos religiosos, naciones o instituciones. Los teólogos han visto en la labor de custodia que el ángel Daniel realizó con San Pedro, liberándolo de su confinamiento, una especial protección de Dios a la incipiente Iglesia.

Oración para Daniel

Oh ángel Daniel, tú que liberaste a San Pedro de su confinamiento, te ruego que intercedas ante Dios para que me conceda el don de su divina misericordia y yo sea capaz de romper las cadenas que me unen al pecado, para ser digno del amor que nos ha traído a los hombres Jesús nuestro Señor. Amén.

Eyael
Ángel de la santificación en el trabajo

EYAEL PERTENECE AL CORO DE LOS ÁNGELES Y SU NOMBRE JUDÍO SIGNIFICA «DIOS, DELICIA DE LOS HOMBRES».

A lo largo de la historia religiosa el hombre ha tenido muchas ocasiones de conocer la bondad divina por medio de las apariciones de los ángeles. En este caso, la tradición oral en España le ha relacionado con uno de los milagros angélicos más cautivadores del final de la Edad Media.

En los primeros años de reinado de los Reyes Católicos, en la ciudad de Sevilla vivía el fraile Francisco Pérez, que se encargaba de la cocina en su convento. Fray Francisco dedicaba todo su día a la oración y en numerosas ocasiones se le encontraba en estado de éxtasis místico en la capilla muy lejos de la cocina. Sus hermanos de la orden no entendían cómo con las escasas viandas que les proporcionaba el huerto, la poca carne que podían comprar y las horas que fray Francisco dedicaba a la oración, pudieran estar disfrutando de unas comidas tan sabrosas y bellamente presentadas.

El secreto se conoció una mañana en la que Fray Francisco estaba sumido en su trance místico frente al oratorio de su celda. Los frailes se dirigieron a la cocina para preparar el almuerzo y allí encontraron a un ángel, Eyael, que estaba dirigiendo sin descanso a una corte de espíritus celestiales que se afanaban para preparar los más suculentos manjares.

El ángel llevaba una bella túnica y pese a encontrarse en la cocina no presentaba ninguna mancha y sí un brillo especial en toda su ropa. Les dijo: «¿Qué mayor alegría para Dios que sus siervos oren sin descanso? Dejad que cada hombre se santifique en el trabajo que Dios le otorgue».

Oración para Eyael

Ángel del Señor, hazte presente en mi vida y préstame tu ayuda para saber discernir entre lo urgente y lo importante. Ilumíname para no caer en la tentación material y préstame tu ayuda para consagrar mi tiempo a Jesús. Amén.

San Gabriel
Mensajero de Dios

SAN GABRIEL ES UNO DE LOS ARCÁNGELES.

Los arcángeles, pese a ocupar uno de los últimos lugares en la jerarquía de Santo Tomás, son los espíritus angélicos que mayor importancia han tenido en la vida del hombre. San Gabriel es el mensajero de Dios por excelencia. Su nombre en hebreo significa «la fuerza de Dios» y así ha quedado demostrado en los más bellos episodios de las Escrituras. Sus apariciones han marcado la vida del hombre y han cambiado el rumbo histórico en diferentes ocasiones. San Gabriel es el ángel de Dios que recibe igual veneración en las tres religiones del Libro: judaísmo, cristianismo e islam.

En el Antiguo Testamento encontramos referencias a San Gabriel en numerosas ocasiones; por ejemplo, anunció a Noé el diluvio universal y le ordenó que construyera un arca con una pareja de cada especie animal de la Tierra. San Gabriel ha sido considerado por la tradición judía como uno de los ángeles que enterraron a Moisés. En el Libro de Daniel revela la profecía por la que los judíos permanecerán en Babilonia, en el exilio, durante casi 500 años.

Los importantes episodios de San Gabriel en el Antiguo Testamento han quedado relegados a un segundo plano en la memoria colectiva por los milagros que obró en el comienzo del Nuevo Testamento. En los Evangelios San Gabriel aparece como portador de excelentes noticias. El arcángel visita a Zacarías y le revela que su mujer, a la que llamaban estéril, por fin tendrá un hijo, San Juan el Bautista. Pero sin duda el episodio más importante protagonizado por San Gabriel es la anunciación a la Virgen María. El arcángel se aparece a la Virgen, y más tarde a San José, para anunciar que ella ha sido la elegida por Dios para alumbrar al Mesías. San Lucas nos lo relata así: «[…] El ángel Gabriel fue enviado por Dios a una ciudad de Galilea, llamada Nazaret, a una virgen que estaba comprometida […] El nombre de la virgen era María. El ángel entró en su casa y la saludó diciendo ¡alégrate, llena de gracia, el Señor

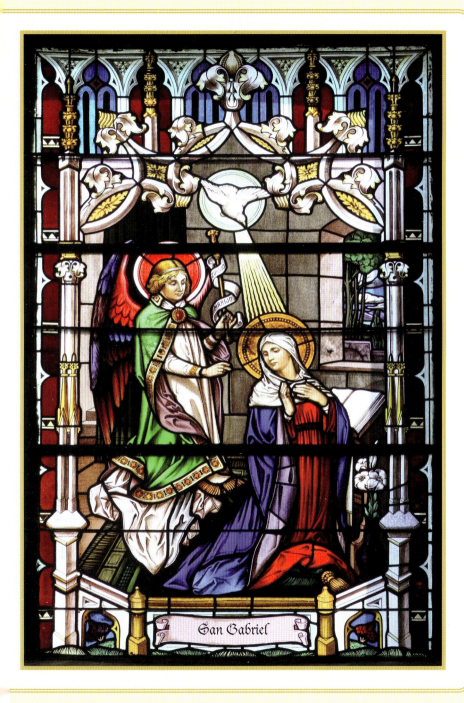

está contigo! […] El ángel le dijo: no temas María porque Dios te ha favorecido. Concebirás y darás a luz un hijo, y le pondrás de nombre Jesús. Él será el más grande y será llamado Hijo del Altísimo […] y su reino no tendrá fin» (Lc 1,27-31). El relato continúa y el ángel disipa a María las dudas sobre la posibilidad milagrosa de concebir dada su virginidad. Este episodio sirve como el más bello de los inicios para el comienzo de la vida terrenal de Jesús.

No debemos olvidar que también para los musulmanes San Gabriel es uno de los arcángeles de Dios. Para los islámicos es el arcángel de mayor rango y fue San Gabriel el que reveló a Mahoma la ley de Dios, que más tarde se plasmaría en el Corán.

El arte ha representado en incontables ocasiones a San Gabriel. La anunciación ha sido el hecho histórico que más ha pesado a la hora de configurar la iconografía religiosa del arcángel; es habitual que sea representado con un lirio, símbolo virginal de María. En otras ocasiones aparece con una trompeta porque, al igual que anunció la primera venida de Jesús a su madre la Virgen María, llegado el final de los tiempos San Gabriel anunciará a todos con una trompeta celestial la segunda venida de Jesús a la Tierra. También algunos artistas han potenciado la vertiente marcial de San Gabriel. Como los arcángeles son los generales de los ejércitos celestiales, el santo aparece representado con pechera de metal, a modo de armadura, o con artilugios bélicos.

La anunciación del arcángel San Gabriel ha sido la inspiración del ángelus. Esta oración es rezada cada mediodía al toque de las 12 campanadas de la mañana y recuerda el mensaje que el arcángel transmitió a la Virgen y la plena aceptación de María de los designios del Señor. En los últimos años los Santos Padres han establecido la tradición de dirigir el rezo del ángelus desde la ventana de sus aposentos en el Vaticano frente a la gente que se congrega en la plaza de San Pedro.

Oración para San Gabriel

El ángel del Señor anunció a María. / Y concibió por obra del Espíritu Santo. (Rezo de una salve) / He aquí la esclava del Señor. / Hágase en mí según tu palabra. (Rezo de una salve) / Y el Verbo de Dios se hizo carne. / Y habitó entre nosotros. (Rezo de una salve)

Arcángel San Gabriel, emisario de Dios, ruega por nosotros para que seamos dignos de alcanzar las glorias celestiales y disfrutar del virginal amparo de nuestra Santa Madre, María. Amén.

Haaiah
Ángel de los líderes elegidos

PERTENECIENTE AL CORO DE LAS DOMINACIONES, ES UNO DE LOS ÁNGELES MÁS IMPORTANTES DEL JUDAÍSMO.

Tradicionalmente Haaiah ha sido relacionado con la custodia de personas que hayan ejercido un fuerte liderazgo, tanto en lo político o civil como en lo religioso. Su nombre se podría traducir como «Dios oculto», en referencia a la iluminación y revelación que ofrece a las personas que custodia. A ellas las ilumina con un especial discernimiento para comandar a naciones y pueblos. El judaísmo ha visto la presencia de Haaiah en el episodio del Antiguo Testamento en el que Dios, por medio de este ángel, elige a Moisés para que lidere a los israelíes y ponga fin a su destierro en Egipto. El libro del Éxodo nos relata: «Voy a enviar un ángel que irá delante de ti, para que te proteja en el camino y te conduzca hasta el lugar que te he preparado. […] Si tú escuchas realmente la voz de mi ángel, él te introducirá en el país» (Ex 23,20-23).

En este pasaje se observa con total claridad las funciones que Dios encarga a Haaiah. El ángel será la misma voz de Dios, su mensajero. Y al mismo tiempo aconsejará a Moisés para que pueda cumplir el encargo de llevar a los judíos a la Tierra Prometida. A lo largo del viaje el ángel se aparecerá a Moisés y le reconfortará, guiará y aconsejará. El profeta no siempre escuchará las palabras del ángel, y Dios, tal como promete en los versículos que hemos reproducido, castigará a Moisés, quien podrá ver pero no entrar en la Tierra que el Señor tenía preparada para los judíos.

Oración para Haaiah

Dios sabio y poderoso, te ruego que te apiades de mí y me envíes a tus ángeles para recibir consejo y ayuda en los momentos en que mi mente se nubla y no soy capaz de discernir entre el bien y el mal. Tú que enviaste a Moisés tu ángel del Cielo, te ruego me ilumines a mí también en mi camino de la vida. Amén.

Haamiah
Ángel de la obediencia

PERTENECE A LAS POTESTADES Y SU NOMBRE HA SIDO TRADUCIDO COMO «DIOS ESPERANZA DE TODAS LAS CRIATURAS».

Las actuaciones de Haamiah siempre han estado ligadas al hecho de ayudar a los hombres a dar cumplimiento a la voluntad de Dios, por difícil que sea. La obediencia de la fe es una importante virtud cristiana. Los teólogos siempre han resaltado dos casos de excepcional obediencia a Dios: Abrahám y la Virgen María. En el Antiguo Testamento podemos conocer la vida de Abrahám: por su fe inició un viaje sin destino claro, dejó su casa y partió en busca de la Tierra Prometida. Dios sometió a Abrahám a numerosas pruebas a lo lago de su vida. Para comunicarle estos desafíos de la fe, el Señor se sirvió de sus ángeles.

Haamiah es el ángel de la tradición judía que puso a Abrahám la mayor prueba de fe posible: el sacrificio de su hijo Isaac. Abrahám era un anciano pastor cuando recibió la llamada del ángel para comunicarle que debía sacrificar a su propio hijo. Abrahám, con total entrega y obediencia a Dios, partió con su hijo de viaje y realizó todos los preparativos del ritual del sacrificio. Cuando se disponía a clavar su cuchillo en Isaac, el ángel del Señor lo llamó desde el Cielo y le dijo: «No pongas tu mano sobre el muchacho ni le hagas ningún daño. Ahora sé que temes a Dios porque no has negado ni siguiera a tu hijo único» (Gn 22,11-12). El ángel detuvo la mano de Abrahám y le ofreció un carnero, en lugar de su hijo, para que hiciera un sacrificio a Dios. Esta intervención angélica de Haamiah es recordada como la mayor prueba que jamás Dios puso a ningún hombre.

Oración para Haamiah

Ángel del Señor, tu que te manifestaste a Abrahám, infúndeme su espíritu de entrega a la voluntad de Dios. Ayúdame a superar mi egoísmo y egolatría para, desde el amor a Dios, entregarme a su obediencia para ser digno de alcanzar el Reino de los Cielos. Amén.

Habuhiah, Haiaiel y Jabamiah
Ángeles del auxilio divino

SON ESPÍRITUS QUE EL JUDAÍSMO HABÍA ASOCIADO AL CAMBIO DE ESTADO VITAL.

Los ángeles, siguiendo las órdenes de Dios, siempre están preparados para acudir en ayuda de los hombres que se encomiendan a ellos. La invocación de estos tres ángeles se realizaba tanto para sanar, cambiar la enfermedad por la vida, como para ayudar al tránsito al Cielo entre los moribundos. La tradición nos cuenta que estos tres ángeles fueron los que obraron el milagro durante el martirio y el entierro de Santa Catalina de Alejandría.

A comienzos del siglo IV d.C. vivía en Alejandría Catalina, una joven inteligente y de buena familia que se había convertido al cristianismo. En un viaje del emperador Maximiano a Alejandría, la joven tuvo oportunidad de encontrarse con él. Ella le habló de la nueva religión cristiana e intentó convertirle. Esta intervención hizo que Maximiano entrara en cólera e inmediatamente ordenó su ejecución. Para que el escarmiento a los cristianos fuera mayor se dispuso que su tortura fuera lo más dolorosa posible. Catalina se encomendó a los ángeles custodios. Habuhiah, Haiaiel y Jabamiah acudieron en su ayuda. La tradición cuenta que cuando los soldados iban a torturar a Catalina con un artilugio de ruedas y cuchillas, los ángeles desmontaron el aparato que se rompió al contacto con la santa sin dañarla. Maximiano, enfurecido, ordenó entonces que se la decapitara. Los ángeles que la protegieron en el martirio recogieron el cuerpo de Catalina y ellos mismos procedieron a enterrarla en el Monte Sinaí. Siglos después su cuerpo fue encontrado incorrupto, y en el lugar se erigió un monasterio.

Oración para Habuhiah, Haiaiel y Jabamiah

Ángeles celestiales, vosotros que acudisteis a la llamada de Santa Catalina de Alejandría, ayudadme a superar mis tribulaciones. Ruego que el Señor se apiade de mí y tenga a bien enviaros para contribuir a mi auxilio. Amén.

Hahahel
Ángel de las criaturas de Dios

HAHAHEL, QUE SE HA TRADUCIDO POR «DIOS ESTÁ EN TODOS LOS SERES», ES UN ÁNGEL DEL CORO DE LAS VIRTUDES.

Con sus apariciones, las virtudes siempre han inspirado comportamientos y revelaciones que se han convertido en ejemplo para toda la humanidad. Los ángeles no sólo se aparecen a profetas, santos o personas pías. Dios también ha querido comunicarse con personas no religiosas. Como ejemplo la Biblia nos relata en el libro de los Números cómo un ángel, que todo indica que fue Hahahel, se apareció al mago Balaam.

En la época de la vuelta de los judíos de su exilio, el Rey Basán era uno de los monarcas que se encontraba temeroso de vivir una invasión de los hebreos y quiso evitarla contratando a un mago, Balaam, para que los maldijera. Yendo camino de la Corte, Balaam tuvo un revelador encuentro con el ángel Hahahel: «El ángel del Señor se interpuso en el camino para cerrarle el paso [...] cuando el asna vio al ángel del Señor quieto en el camino, con la espada desenvainada en su mano, se apartó y se echó al campo. Pero Balaam la castigó y la hizo volver al camino» (Num 22,21-ss). Esta situación se repitió dos veces más, y Balaam cada vez la pegaba más fuerte hasta que Hahahel dio voz al animal que se enfrentó a su dueño y le dijo: «¿Qué te hice para que me golpearas así tres veces?». En ese instante Dios iluminó a Balaam y pudo ver al ángel que se encontraba a su lado. Balaam comprendió todo y pidió disculpas al ángel y a su asna. El relato nos recuerda que los hombres tenemos que respetar al resto de seres vivos porque si no lo hacemos ofendemos a Dios, al no apreciar su gran obra.

Oración para Hahahel

Dios todopoderoso y eterno, Tú que enviaste a tu ángel para que reprochara a Balaam su comportamiento con los animales, ayúdame a respetar mi entorno y cuidar tu creación que tan bien representa la gloria de tu omnipotencia. Amén.

Hahaiah y Hariel
Ángeles de la purificación del alma

AMBOS SON QUERUBINES Y AYUDARON A JESÚS ANTE LAS TENTACIONES.

Los querubines cumplen la misión de custodiar y guardar los lugares y objetos más sagrados (Arca de la Alianza, Templo de Jerusalén…), pero también Dios les reservó el privilegio de guardar su más preciado tesoro: su hijo Jesús.

El evangelista San Mateo nos relata cómo Jesús, al comenzar su vida pública de predicación, decidió retirarse a las montañas para cumplir la tradición hebrea de la cuarentena de purificación. Practicó un tiempo de ayuno extremo. Es el tiempo que los católicos llaman Cuaresma. Durante esos días Satanás se apareció ante Jesús para tentarle de muy diferentes maneras. El Hijo de Dios se mantuvo firme. Durante este proceso la tradición cree que los querubines Hahaiah, que significa «Dios refugio», y Hariel, que se ha traducido como «Dios creador», fueron los que asistieron a Jesús al finalizar su tiempo de retiro y ayuno. Ellos vigilaban a Jesús que nos los dejó intervenir hasta que Satanás se retiró. San Mateo termina este relato constatando la custodia angélica sobre Jesús y la sumisión de los ángeles ante el Hijo de Dios: «Entonces el demonio lo dejó, y unos ángeles se acercaron para servirlo» (Mt 4,11).

Este pasaje bíblico ha servido de ejemplo a muchos eremitas y anacoretas a lo largo de los siglos. También las personas que se retiran a hacer ejercicios espirituales o que se encuentran rodeadas de tentaciones se encomiendan a los ángeles que atendieron a Jesús en el desierto para que les ayuden en los instantes más difíciles de su reto personal.

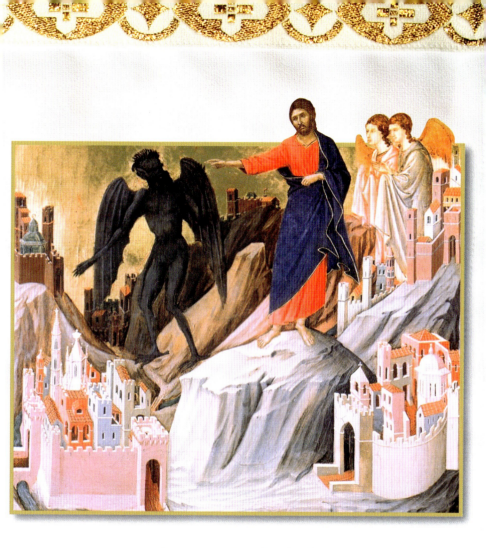

Oración para Hahaiah y Hariel

Jesucristo, Hijo de Dios, tú que quisiste cumplir con la naturaleza humana y purificaste tu cuerpo para no caer en las tentaciones de Satanás, ayúdame y que tus ángeles me auxilien en mis momentos de flaqueza y debilidad para ser capaz de superar las duras tentaciones de este mundo vacío y material. Amén.

Hahasiah e Imamiah
Ángeles de la virtud

AMBOS ÁNGELES PERTENECEN
AL CORO DE LOS PRINCIPADOS.

Encargados de proteger a naciones y pueblos, Hahasiah e Imamiah fueron enviados por Dios para devolver al camino de la virtud a una parte de los miembros del Pueblo Elegido. El libro del Génesis nos cuenta cómo dos ángeles se presentaron a Lot, sobrino de Abrahám, para salvarle de morir ante un inminente castigo de Dios a los hombres. Lot se había separado de su tío Abrahám y se asentó con su familia en la ciudad de Sodoma. La Biblia explica que todos los habitantes de Sodoma y Gomorra se habían entregado a los dioses paganos, y habían perdido la virtud.

El Génesis nos cuenta que los dos ángeles llegaron a Sodoma al atardecer. Lot les invitó a pasar la noche en su casa antes de continuar su viaje y les atendió con todo detalle. En mitad de la noche una turba de gente irrumpió en la casa de Lot para llevarse a los ángeles con ellos para defenestrarlos. Lot ruega por los ángeles y ofrece a sus hijas, todavía vírgenes, al populacho, pero ellos seguían queriendo a los ángeles. Los ángeles se revelaron a Lot y le indicaron que eran enviados de Dios e iban a salvarle de la destrucción de la ciudad.

Dios, cansado de la poca virtud de Sodoma y Gomorra, borraría de la faz de la Tierra ambas urbes. Los ángeles recomendaron a Lot que buscara a toda su familia para salir de la ciudad con la máxima rapidez: «Los ángeles le tomaron de la mano, lo mismo que a su esposa y a sus dos hijas, y lo sacaron de la ciudad para ponerlo fuera de peligro porque el Señor tuvo compasión de él» (Gn 19,17).

<u>Oración para Hahasiah e Imamiah</u>
Dios justo y misericordioso, Tú que tuviste infinita paciencia con tu hijo Lot, te ruego que por la intercesión de tus ángeles me enseñes el camino de la virtud para que pueda dedicar toda mi existencia a agradarte con mis actos.
Amén.

Haheuiah
Ángel del consuelo

ÁNGEL DEL CORO DE LOS TRONOS ASOCIADO CON EL ESPÍRITU ANGÉLICO QUE SE APARECIÓ A JESÚS JUSTO ANTES DEL COMIENZO DE SU PASIÓN.

Los ángeles han estado muy presentes en la vida de Jesús. El Hijo de Dios habló de ellos, promovió su devoción y tuvo un trato directo con los enviados de su Padre. La Biblia relata que Jesús tenía aceptado que su misión mesiánica le llevaría a tener que entregar su vida por todos los hombres. Esta muerte ya estaba anunciada en las Escrituras desde los tiempos de Isaías. Tras la Última Cena, Jesús se retiró a orar al monte de Getsemaní. Conforme a su plena naturaleza humana, comenzó a sufrir los rigores del vértigo ante su inminente prendimiento. Los Evangelios nos cuentan que sufrió una profunda agonía. San Lucas nos indica que: «Su sudor era como gotas de sangre que corrían hasta el suelo». Pero en medio de todo este sufrimiento Dios quiso consolar a su Hijo y decidió enviar a uno de sus ángeles y San Lucas reconoce que «entonces se le apareció un ángel del Cielo que le reconfortaba» (Lc 22,43).

La tradición judía llamaba a Haheuiah «Dios bueno por sí mismo». Por eso se ha creído que fue el ángel que asistió a Jesús. La Iglesia ha destacado el importante mensaje que Dios envió con su ángel. Por una parte, no apartaba el destino al que se enfrentaba Jesús. Pero por otra, Dios mostró que siempre está dispuesto a prestarnos ayuda con sus ángeles.

Oración para Haheuiah

Ángel del consuelo, ven en mi ayuda. Reconfórtame en mis tribulaciones. Por la gracia divina en la que reconfortaste a nuestro Señor Jesucristo ten piedad de mí y enjuaga también mis lágrimas con la serenidad de corazón que tu presencia infunde. Amén.

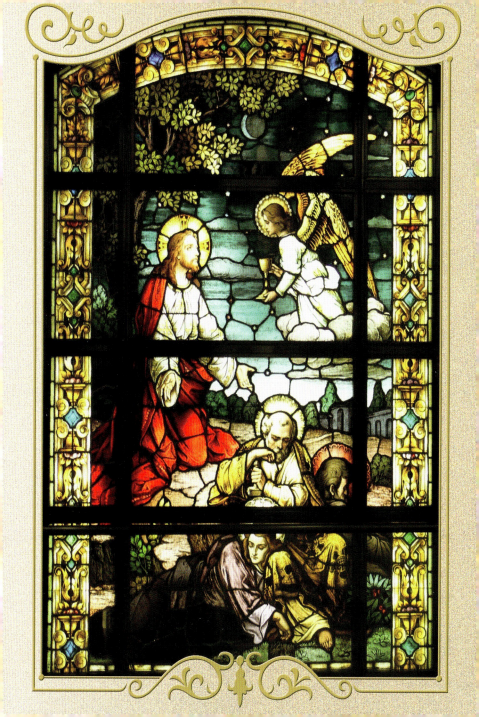

Haziel
Ángel de la misericordia

ES EL PRIMERO DE LOS QUERUBINES Y SU PRINCIPAL FUNCIÓN ES LA CUSTODIA DEL TRONO DE DIOS.

A lo largo de las Escrituras aparece también como portador de Dios ante sus apariciones a los hombres. El Salmo XVIII nos cuenta: «El Señor inclinó el Cielo y descendió con un nubarrón bajo sus pies; montó en el querubín y emprendió el vuelo planeando sobre las alas del viento». En el Antiguo Testamento, Dios envió plagas a Egipto, desterró a los judíos o mandó el diluvio universal sobre la Tierra... eran actos de justicia divina ante la negativa de los pueblos a convertirse o por desobedecer sus designios. Haziel acompañaba a Dios mientras impartía justicia entre los hombres.

La tradición le ha destacado por mostrar la misericordia divina en los instantes de mayor severidad de Dios. A lo largo de la Biblia podemos encontrar ejemplos de esta misericordia cuando Dios castigaba a Israel por sus pecados. Es ahí donde Haziel aparece junto a Dios, a los pies de su Trono, para dulcificar la justicia divina y dar muestra de la magnanimidad y misericordia que son características divinas. En el libro de Zacarías encontramos: «Así habla el Señor de los ejércitos celestiales: Hagan justicia de verdad, practiquen mutuamente la fidelidad y la misericordia» (Zac 7,9). Su labor también ha consistido en interceder por los hombres. Diversos santos han recurrido a él, y la intercesión y ayuda de Haziel nos demuestran que nunca es tarde para convertirnos. Su intercesión también llevó a reyes y profetas a perdonar a sus enemigos.

Oración para Haziel

Sólo te pido, Señor, que por la intercesión del ángel de tu misericordia perdones mis pecados y me permitas encontrar el alivio y la paz de corazón que otorgan tu presencia y cercanía, al igual que ya la disfrutan los ángeles y los coros celestiales. Amén.

Hekamiah
Ángel de los Reyes de Israel

HEKAMIAH, «DIOS QUE RIGE EL UNIVERSO», ERA EL QUERUBÍN QUE LA TRADICIÓN ASOCIABA CON LA CUSTODIA DE LOS MÁS IMPORTANTES REYES HEBREOS.

La función de Hekamiah era protegerlos de las traiciones y las rebeldías de sus enemigos. La Biblia, en el libro de Samuel, relata la azarosa vida de David, un pastor israelí que es ungido por Dios para convertirse en Rey e iniciar una estirpe de la que descenderá Jesús. En torno al año 1000 a.C. los documentos históricos y las Escrituras nos reflejan las dificultades por las que atravesaban los hebreos tras la vuelta a Israel. El rey Saúl había perdido el favor de Dios por haberse alejado de las normas de la religión. El Señor encargó al profeta Samuel que se dirigiera a la ciudad de Belén y allí se le reveló que el elegido para suceder a Saúl era David, un joven pastor que dedicaba su tiempo a tocar la lira y cuidar de sus ovejas. Tras esta elección, el ángel Hekamiah se presenta a David para que inicie un viaje con destino a la Corte, y más tarde una serie de luchas internas para hacerse con el poder en el reino.

Años más tarde, ya reinando en Israel, David vuelve a encontrarse con el ángel que le trasmite el mensaje divino: tendrá que trasladar procesionalmente los restos del Arca de la Alianza a Jerusalén e iniciar la construcción de una capital digna del reino. David también era un músico y poeta excelente y la tradición también ha reflejado que el ángel del Señor también le inspiró la composición de diferentes piezas musicales, salmos y letanías que se incorporaron a la liturgia hebrea.

Oración para Hekamiah

Querubines y ángeles, vosotros que cumplisteis la voluntad de Dios eligiendo al rey David, y que le inspirasteis los más bellos cantos de alabanza a nuestro Señor, interceded por mí ante Dios todopoderoso para que ilumine el corazón de las personas que nos gobiernan. Amén.

Ielazel
Ángel de la estrella

EL ÁNGEL IELAZEL PERTENECE AL CORO DE LAS POTESTADES.

El nombre de este espíritu puede traducirse como «Dios que regocija». Siguiendo el orden angélico de la antigua tradición judía, Ielazel ocupa el lugar número 40. Esta cifra tiene una importante simbología bíblica: fueron 40 años los que duró la travesía por el desierto del Pueblo Elegido. Y por 40 días se extendieron las lluvias del diluvio universal que acabaron con parte de la vida sobre la faz de la Tierra. Ielazel es un espíritu que según los angeólogos siempre ha marcado el final de lo antiguo o corrupto y el inicio de una nueva época de mayor virtud.

Aunque a lo largo de la toda la historia sagrada se han podido intuir las acciones de Ielazel, no es hasta el libro del Apocalipsis donde la mayoría de los estudiosos bíblicos coinciden en situarle como uno de los ángeles a los que hace referencia este texto sagrado. Así, en la segunda venida de Jesús se dice que Ielazel, el ángel de la estrella, destacará como ejecutor de una de las profecías apocalípticas; será el encargado de aplicar el castigo divino a los hombres corruptos de espíritu. San Juan lo relata así: «[…] observé un ángel con una estrella que había caído del cielo a la tierra. La estrella [como símbolo del ángel] recibió la llave del pozo del abismo […] salieron langostas que se expandieron por toda la Tierra […]. Se les ordenó que no dañaran las praderas, ni las plantas, ni los árboles, sino solamente a los hombres que no llevaran la marca de Dios sobre la frente» (Ap 9,1-4).

La tradición ha relacionado siempre al ángel de la estrella, Ielazel, como uno de los ángeles más poderosos. Las potestades, los primeros ángeles creados por Dios, se encuentran en permanente lucha contra el demonio y por eso tienen el encargo de perseguir a los seguidores de Satanás durante el Juicio Final.

Oración para Jelazel

Dios mío y Señor nuestro, Tú que nos has prometido la vida eterna junto a tus huestes celestiales, concédenos la custodia de tus ángeles para que ellos nos protejan de los engaños de Satanás y podamos mantenernos libres de pecado y protegidos de toda perturbación. Amén.

Israfel
Arcángel de la resurrección

PARA LA TRADICIÓN HEBREA EL NOMBRE DE ISRAFEL SIGNIFICA «EL ARDIENTE».

La Iglesia católica reconoce la existencia de siete arcángeles, pero sólo tres de ellos han revelado su nombre de manera directa en las Sagradas Escrituras. Los cristianos relacionan a Israfel con el ángel que se apareció a los discípulos para anunciarles la resurrección de Jesús, cuando visitaban el Santo Sepulcro.

El Evangelio de San Mateo nos cuenta que después de la muerte de Jesús, y habiendo cumplido el descanso del sábado, «María Magdalena y la otra María fueron a visitar el sepulcro. De pronto, se produjo un gran temblor de la tierra. El ángel del Señor bajó del Cielo, hizo rodar la piedra del sepulcro y se sentó sobre ella [...]. El ángel les dijo: No temáis, yo se que buscáis a Jesús, el crucificado. No está aquí porque ha resucitado como había dicho» (Mt 28,1-7). Se describe al ángel como un relámpago, rubio y sus vestiduras blancas como la nieve. Los musulmanes creen que Israfel preparó a Mahoma antes de que San Gabriel se le apareciera para revelarle por completo su misión. La tradición oral oriental, no aprobada por la Iglesia, cuenta que Israfel acompañó a los arcángeles Gabriel, Miguel y Asrael en la búsqueda de los siete puñados de polvo que Dios utilizó para hacer el barro con el que creó a Adán. La iconografía también es diferente en cada una de las tres religiones. Los hebreos suelen presentar a Israfel como un soldado triunfante. Los musulmanes consideran que tiene cuatro alas y siempre se apoya junto a una columna. Los cristianos le han conferido las cualidades de su coro angélico y siempre aparece con dos alas y ornamentados ropajes.

Oración para Israfel

Querido ángel: Tú que tuviste el privilegio de anunciar a los discípulos la buena nueva de la resurrección de Jesús, préstame tu ayuda para convertirme en un fiel siervo de Dios y testigo de Cristo resucitado entre los hombres.
Amén.

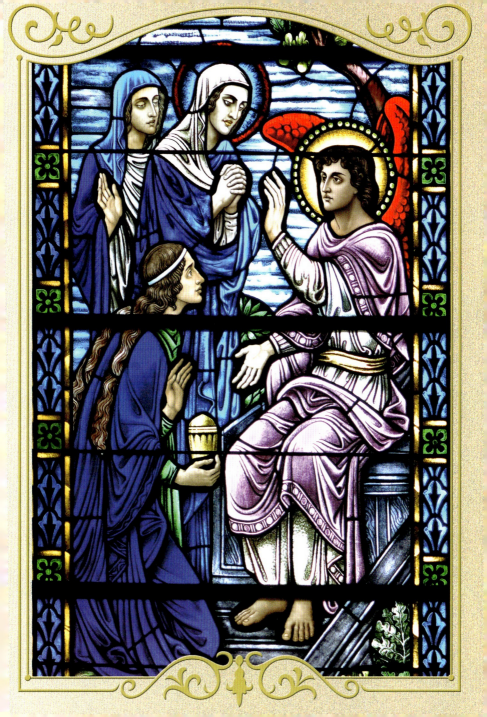

Lauviah
Ángel de la Custodia Divina

LAUVIAH FUE EL QUERUBÍN CUSTODIO
DE LA SALA MÁS SAGRADA
DEL TEMPLO DE JERUSALÉN.

El *Sancta Sanctorum* era el lugar en el que se encontraba el Arca de la Alianza y donde los judíos presumían que estaba la presencia misma de Dios. La sala la construyó el rey Salomón tras tener una serie de sueños de inspiración divina que le indicaban la forma y medidas exactas del Templo.

El Santo de los Santos tenía un velo de lino en violeta, púrpura y escarlata, bordado con la figura de un querubín que se cree que era Lauviah, y ocultaba siempre la vista del interior de la estancia (2 Cr 3,14). Al ver finalizada su obra, Salomón pasaba días enteros orando en el *Sancta Sanctorum*. Tras su muerte, sólo el sumo sacerdote podía entrar a esta estancia una vez al año para realizar los ritos religiosos prescritos desde la época de Moisés.

Esta creencia en la presencia misma de Dios en el Templo de Jerusalén, custodiado por sus querubines, también aparece en el Nuevo Testamento, pero con la intención de dar por terminada una tradición hebrea y dar cumplimiento a las profecías mesiánicas de Isaías. El Evangelio de San Mateo describe el milagroso hecho que tuvo lugar tras la crucifixión de Jesús: en el instante de su expiración, al lanzar su último grito «[…] El velo del templo se rasgó en dos, de arriba abajo; y la tierra tembló, y las rocas se partieron» (Mt 27,51). La Iglesia considera este momento un punto de inflexión de la presencia divina en la historia del hombre. Jesús se convierte en el redentor de los pecados de todos los humanos. De esta manera simbólica la presencia de Dios salió del templo para extenderse por todo el orbe.

<u>Oración para Lauviah</u>

Ángeles del Señor, Querubines custodios de la Nueva Alianza que Cristo ha traído al mundo, rogad por nosotros ante Dios para que seamos dignos de alcanzar sus dones. Interceded ante el Altísimo para hacernos merecedores de la vida eterna. Amén.

Lecabel
Ángel de la inspiración divina

Lecabel, «Dios inspira», es uno de los ángeles más presente en la historia religiosa.

Perteneciente al coro angélico de las dominaciones, a él se le debe la inspiración de gran parte de los textos sagrados que han llegado hasta nuestros días. El evangelista San Mateo ha sido una de las personas bendecidas con la visita de los ángeles. La tradición cree que Lecabel fue el ser espiritual que guió a San Mateo en la redacción del texto de su evangelio.

La tradición cristiana atribuye a San Mateo la autoría del texto bíblico debido a que así lo citan numerosas fuentes históricas ya desde el año 120 d.C. Fue el evangelio que primero se escribió. Es conciso y directo. San Mateo escribió sus recuerdos bajo la inspiración del ángel para mostrar a los judíos de su tiempo que Jesús era el Mesías prometido a Israel. Realiza un repaso a las numerosas profecías judías que se cumplen en la vida de Jesús.

Este hecho es el que ha llevado a confirmar la necesaria presencia de una inspiración divina en el texto de San Mateo porque él era una persona sencilla, de muy escasa preparación intelectual y mínimo conocimiento de la historia religiosa judía. El ángel del Señor obró el milagro y susurró a San Mateo las palabras que debía dejar escritas y la manera de predicar las enseñanzas de Jesús.

En el siglo XVIII Caravaggio recibió una amonestación eclesiástica por retratar a San Mateo en una actitud demasiado humana, con un libro sostenido en sus rodillas, sin apenas saber sujetar la pluma, mientras un ángel guiaba su mano para escribir el texto evangélico. El cuadro fue corregido por el autor y hoy en él se aprecia a San Mateo, sobre una mesa, atendiendo a la inspiración del ángel Lecabel pero con una actitud intelectual.

<u>Oración para Lecabel</u>
Ángel de la inspiración, tú que has susurrado a los oídos de santos y profetas, guíame también a mi para saber discernir el camino que el Señor me tiene preparado. Amén.

Lehahiah
Ángel de la clemencia

PERTENECE AL CORO ANGÉLICO DE LAS POTESTADES Y SU NOMBRE HEBREO SIGNIFICA «DIOS CLEMENTE».

Las potestades son la mayor expresión espiritual de la energía de Dios. Lehahiah es un ser angélico que imprime equilibrio y aplaca la cólera del corazón para que brote el don del perdón y la clemencia. Los estudiosos del libro del Apocalipsis, donde aparece un gran número de ángeles, han creído reconocer las cualidades de Lehahiah en uno de los pasajes más cruentos del texto.

En plena batalla entre las fuerzas del bien y del mal, tras las primeras plagas, los hombres que no purificaron su corazón mueren presos de la ira de Dios. En este caos el místico San Juan nos indica que una voz angelical desde el Cielo dijo: «Suban aquí. Y ellos subieron al Cielo en la nube, a la vista de sus enemigos» (Ap 11,12). Gracias al aviso del ángel, los elegidos fueron elevados y evitaron fallecer porque inmediatamente «se produjo un violento temblor de la tierra [...] que ocasionó la muerte de siete mil personas» (Ap 11,14). A lo largo de la historia un gran número de Santos han afirmado que en sus visiones habían percibido a un ángel, que por tradición se asocia con Lehahiah, intercediendo por las almas de todos los hombres ante Dios. Esta clemencia de Dios, mostrada por medio del ángel Lehahiah, también es un tema recurrente en el Antiguo Testamento, donde Dios se apiada de algunos de los pueblos que ocupaban las tierras de Israel y perdona sus pecados gracias a su conversión.

Oración para Lehahiah

Dios de Israel, Señor del Universo, tú que eres todopoderoso y benévolo, ten clemencia de mí, soy pecador y orgulloso. Por eso te suplico que, con la intercesión de tu ángel, te muestres clemente con el castigo que merezco y te apiades de mí. Amén.

Lelahel
Ángel de los estigmas

PERTENECE AL CORO MÁS CERCANO A DIOS SEGÚN EL ORDEN DE SANTO TOMÁS: LOS SERAFINES.

Para los judíos el nombre de Lelahel significaba «Dios loable». Las apariciones de los serafines siempre han tenido una profunda intención de abrir el corazón humano a Dios y poder acceder a un mayor nivel de comprensión de la complejidad del Señor. San Francisco de Asís, gracias a la intervención angélica, recibió los estigmas de la pasión de Jesús en su propio cuerpo.

En 1224, una mañana de septiembre el ángel se apareció a San Francisco mientras se dedicaba a una de sus largas jornadas de ayuno y oración: «Vengo a confortarte y a avisarte para que te prepares con humildad y paciencia para recibir lo que Dios quiere hacer de ti». San Francisco respondió que estaba preparado para todo lo que Dios quisiera de él. Así, en la madrugada de ese 14 de septiembre, día de la festividad de la Santa Cruz, el santo rezaba y pedía a Dios: «Experimentar el dolor que sentiste a la hora de tu pasión y, en la medida de lo posible, aquel amor sin medida que ardía en tu pecho».

En ese instante San Francisco vio bajar del Cielo un ángel muy bello que era un serafín y tenía seis alas. La mirada del serafín lo envolvía y le provocaba sentimientos de alegría y tristeza al mismo tiempo. En este estado de éxtasis fueron apareciendo sobre el cuerpo de San Francisco los estigmas de la crucifixión de Jesús: llagas en las manos y los pies.

En el pecho se abrió una herida sangrante que le manchó la túnica y los calzones. Lelahel marcó a San Francisco de Asís, mostrando el favor de Dios hacia este Santo que imprimió una profunda renovación en la vida de la Iglesia. San Francisco potenció el voto de pobreza y la atención a los más necesitados.

Oración para Lelahel

Serafines de Dios, vosotros que habéis ungido a los profetas y que guardáis la presencia de Dios, marcad también mi corazón con vuestro fuego del amor para ser digno siervo de nuestro Señor. Amén.

Leuviah
Ángel de la mística

PERTENECIENTE AL CORO DE LOS TRONOS, HA PASADO A LA HISTORIA COMO EL ÁNGEL DE «DIOS QUE SOCORRE A LOS PECADORES» Y ASÍ ERA CONOCIDO ENTRE LOS HEBREOS Y LOS CRISTIANOS.

El hombre, por haber nacido con la mancha del pecado original, tiene una dificultad de entendimiento de la naturaleza de Dios. Profetas, santos y otros hombres han recibido la gracia divina de participar más intensamente de este conocimiento de Dios y son considerados místicos.

El ángel Leuviah ha sido uno de los enviados de Dios que ha abierto el corazón de los místicos. Entre todos los elegidos destaca Santa Teresa de Jesús, la monja española que vivió en el siglo XVI y fundó la orden de las Carmelitas Descalzas. Ella protagonizó uno de los puntos más álgidos de la mística religiosa. Dios, por medio de sus ángeles, la arrebata en un estado de concentración extrema y de conocimiento profundo del alma. Santa Teresa, que toda la vida padeció múltiples enfermedades que mermaron su salud, mostraba un inexplicable vigor físico tras los contactos angélicos. En el último y más importante arrobamiento la Santa explicaba que era llevada por un ángel ante Dios, y que «aquí no hay que sentir, sino gozar sin entender lo que se goza» (Vida 18,1).

El ángel elevaba hasta tal extremo las potencialidades del alma que Santa Teresa rompía, en presencia de testigos, las normas físicas de la naturaleza. Ella perdía el control del propio cuerpo y «cualquier cosa parece posible». Se han registrado numerosos testimonios de personas que asistían a las largas sesiones de arrebato místico de la Santa. Algunas duraron hasta cuatro días. En este tiempo Santa Teresa llegó a levitar varios metros de altura, como sostenida por un ángel.

Oración para Leuviah

Ángel del Cielo, Dios te envió a Santa Teresa de Jesús para bendecirla con el don de la mística y el conocimiento profundo de su esencia divina. Intercede por mí ante Dios nuestro Señor para que por medio de la oración sea capaz de alcanzar los frutos de su eterna bondad. Amén.

Manakel
Ángel de los desamparados

LOS ÁNGELES FORMAN EL CORO ANGÉLICO DONDE SE ENCUENTRAN NUESTROS ÁNGELES CUSTODIOS. DE UNA MANERA INDIVIDUALIZADA Y DIRECTA ELLOS CUIDAN DE NOSOTROS.

Manakel, cuyo nombre se traduce por «Dios que nos secunda y cuida de nosotros», es el ángel que la tradición hebrea consideraba guarda y custodio del profeta Elías. Junto a Isaías, Elías es considerado uno de los más importantes profetas de las Escrituras y tenía un contacto permanente con Dios.

Fue ungido y elegido para, por medio de los mensajes angélicos, transmitir a los judíos de su época la voluntad de Dios. La historia de su vida que nos relata la Biblia es azarosa, siempre pendiente de los designios divinos, y llena de milagros que se obraban por la intercesión de los ángeles.

El libro de los Reyes nos relata un episodio en el que su ángel de la guarda, Manakel, cuidó de Elías cuando huyó al desierto. Elías acababa de realizar un importante milagro para demostrar a los seguidores de Baal que su dios era un falso ídolo.

El pueblo, enfurecido con los profetas y sacerdotes de Baal, los pasó a cuchillo. Cuando el rey se enteró de lo que Elías, por orden de Dios, había conseguido, se enfureció y juró vengar la muerte de sus sacerdotes. El profeta tuvo que escapar y refugiarse en el desierto. Allí, privado de agua, sin comida que llevarse a la boca, comenzó a desesperarse y pidió a Dios que le quitara la vida. Cayó dormido, pero «un ángel lo tocó y le dijo que se levantara y comiera. Él miró y vio que había a su cabecera una galleta cocida [...] y un jarro de agua» (1 R 19,7-8). Dios nos enseña que siempre que sigamos su camino Él provee. Sus ángeles están pendientes de nosotros para que llevemos a buen puerto la misión que Dios nos ha encomendado.

Oración para Manakel

Dios de Abrahám, de los profetas y los Santos, Tú que enviaste al ángel para cuidar de tu siervo Elías, haz que también ellos me guíen por el camino de la Verdad y la Vida que conduce hasta tu morada. Amén.

Mebael e Iezael
Ángeles de Cristo glorificado

Iezael, «Dios glorificado sobre todas las cosas», y Mebael, «Dios conservador», son los dos querubines custodios de Jesús en su gloria eterna.

Los querubines custodian a Dios, a su Hijo y los objetos sagrados. Este coro angélico ya custodió a Jesús en su tiempo de vida como hombre. Dios ha querido que lo más sagrado que nunca ha habitado en la Tierra, su propio hijo, también goce en el Cielo de la protección de sus ángeles. Él ha prescrito que dos querubines permanezcan junto a Jesús eternamente.

La representación de Jesús custodiado por dos querubines está muy extendida en el arte. Numerosas obras pictóricas y esculturas dan forma a esta alegoría. Jesús aparece en la mandorla, o almendra mística. Es un recurso artístico para representar la máxima gloria de Dios y su Hijo Jesús. Ya se realizaba en la época de los primeros enterramientos cristianos y la tradición fue acrecentando su fama. Durante el Románico y en la Iglesia de Oriente, alcanzó su máxima expresión. Nos encontramos con una figura de Cristo, rodeado de la forma ovalada que lo preserva en santidad y en actitud triunfante y de bendición. En estas representaciones Mebael e Iezael siempre aparecen junto a Jesús, o bien sosteniendo la mandorla o rindiendo pleitesía a Cristo. Los querubines son la máxima expresión de la divinidad de Jesús y su encargo divino es custodiar las cosas más sagradas, por eso rodean a Jesús al igual que rodearon el Arca de la Alianza que contenía las Tablas de la Ley. Mebael e Iezael nos reiteran que Jesús es el símbolo de la Nueva Alianza consumada entre Dios y los hombres.

Oración para Mebael e Iezael

Jesús, Hijo de Dios, tú que has venido al mundo a redimir los pecados de los hombres y que con tu sacrificio has vencido a la muerte, envía a los ángeles de tu Padre para que al igual que guardan de ti en el Cielo, nosotros podamos disfrutar de su custodia y consejo para vivir de acuerdo a la Nueva Alianza que representas. Amén.

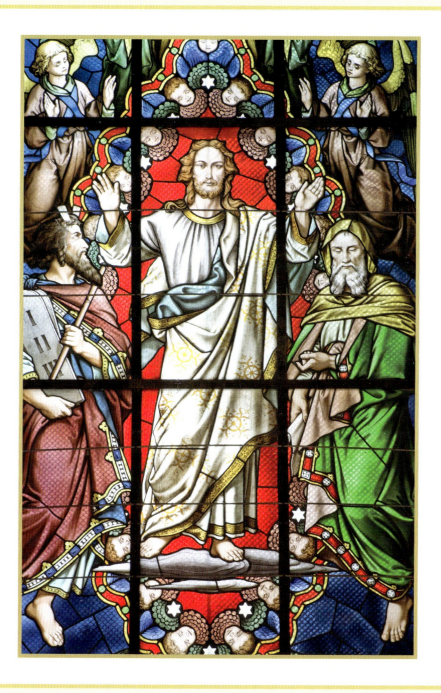

Mebahiah
Ángel de la sabiduría

MEBAHIAH, CUYO SIGNIFICADO ES «DIOS ETERNO», HA SIDO DESTACADO COMO UN ÁNGEL QUE APORTABA SABIDURÍA Y GRAN CONOCIMIENTO DEL UNIVERSO.

Los principados eran el coro angélico más querido por San Pablo. Estos ángeles influyen de manera directa en los dones de las personas a las que custodian. El rey Salomón ha sido destacado históricamente como el monarca más sabio de Israel. Heredero del rey David, llevó a su pueblo al liderazgo económico y militar en la región. La tradición siempre ha relatado la especial relación de Salomón con Dios.

El Rey, por medio de intensas jornadas de oración y retiro espiritual, consultaba las decisiones más importantes para el gobierno del reino con Dios. El Señor se comunicaba con Salomón por medio de visiones, sueños y sus ángeles. Sin duda el ángel que más acompañó a Salomón fue el que los judíos llamaban Mebahiah. Dios otorgó a Salomón el don de la sabiduría. Esta alta capacidad de juicio, raciocinio y especial facilidad para el gobierno consiguieron que el Antiguo Testamento destacara a Salomón de entre el resto de monarcas que dirigieron Israel. El ángel del Señor tuvo una importante incidencia en la mayor obra que Salomón llevó a cabo: la construcción del Templo de Jerusalén.

Una vez que los judíos se asentaron en la ciudad, Salomón tuvo la visión en la que Dios le pidió que construyera un templo acorde a su gloria. Salomón recibió del ángel, en un sueño, las medidas y planos que debería tener el nuevo edificio. Allí quedó depositado el Arca de la Alianza y los objetos sagrados del judaísmo. La sabiduría que Dios proporcionó a Salomón, por medio de su ángel, «te he dado un corazón sabio y entendido» (1 R 3,11), era la fuerza para aplicar con rectitud la Ley de Dios.

Oración para
<u>Mebahiah</u>
Ángel que infundiste sabiduría al rey Salomón, ruego tu intercesión ante Dios para que de mi corazón broten las obras que muestren la gloria de nuestro Señor Jesucristo y ayuden a construir el Reino de Dios entre los hombres. Amén.

Melahel
Ángel de Judá

MELAHEL, QUE PARA LOS HEBREOS SIGNIFICA
«DIOS QUE LIBRA DE LOS MALES», FUE EL ÁNGEL
QUE SE PRESENTÓ A LOS JUDÍOS EN ALGUNA DE LAS MÁS IMPORTANTES
GUERRAS QUE VIVIERON EN LOS SIGLOS ANTERIORES AL NACIMIENTO DE CRISTO.

Este ángel pertenece al coro angélico de los tronos, encargados de supervisar la aplicación de la justicia divina. En el Antiguo Testamento se nos presenta a Dios con unas características más humanas que lidera los ejércitos de Israel e inclina la balanza a favor de los reyes hebreos.

A comienzos del siglo VII a.C. el rey asirio Senaquerib emprendió diferentes batallas para conquistar a sus pueblos vecinos y extender sus dominios. Este afán de conquista llegó hasta Israel. Los judíos sufrieron una serie de derrotas que les llevaron a perder muchas ciudades y plazas fuertes de Judá. Senaquerib llegó incluso a las puertas de Jerusalén. El rey hebreo Ezequías trató de detener la invasión y negociar unas buenas condiciones para firmar un tratado de paz, pero resultó imposible. Senaquerib sitió Jerusalén y estableció allí un imponente campamento. Las gentes de Israel se encontraban consumidas por el pánico.

Su ciudad santa iba a caer también en manos enemigas. El rey Ezequías y sus súbditos se encomendaron a Dios y la Biblia nos cuenta: «Aquella misma noche, el ángel salió e hirió en el campamento a los asirios, 185.000 hombres. Y cuando los demás se levantaron por la mañana, vieron que todos eran cadáveres» (2 R 19,35). Siguiendo las órdenes de Dios, Melahel libró a los judíos de la amenaza asiria y se convirtió en el mejor «soldado» de Judá. La tradición hebrea reconoce a Melahel el mérito de haber sido el ángel protector que les ha librado de algunas invasiones extranjeras.

Oración para Melahel

Dios de todas las naciones, Tú que creaste el Universo y quisiste que los hombres tuviéramos diferentes pareceres, envía a tu ángel protector para que nos libre de los males, ilumine a nuestros líderes y evite las guerras que causan tanto dolor en nuestro mundo. Amén.

Menadel
Ángel de Zacarías

Perteneciente al coro angélico de las potestades, que transmiten la fuerza de Dios e insuflan diferentes dones a quienes las invocan, Menadel fue el ángel que otorgó a Zacarías el don de la profecía.

La tradición cuenta que Dios eligió al profeta Zacarías por medio de su ángel Menadel para despertar en el pueblo de Israel y en su sumo sacerdote el interés por terminar la reconstrucción del Templo de Jerusalén. El ángel prometió a Zacarías que si volvía a erigir el lugar de culto, los judíos disfrutarían de una nueva época de esplendor. Las visiones del ángel procuraban a los hebreos las palabras de guía espiritual que necesitaban.

Zacarías nos relata las diferentes visiones que el ángel le hizo tener. Aunque Zacarías es considerado un profeta menor por diferentes estudiosos de las Sagradas Escrituras, alguna de sus profecías fue muy concreta y de vital importancia en los relatos bíblicos posteriores. Es muy conocida su visión en la que ya indica las treinta monedas de plata que siglos más tarde recibirá Judas por traicionar a Jesús.

El relato de este profeta se ciñe exclusivamente a las apariciones del ángel: «El ángel hablaba conmigo [...] el ángel estaba allí [...]». Es Menadel el que tiene un importante papel y sobre el que recae el trabajo de dar a conocer la voluntad de Dios. Con el ángel que Dios envió a Zacarías, el Señor pretendía insuflar ánimos a su pueblo. Menadel habla a Zacarías para que ponga fin al duelo por la antigua destrucción de Jerusalén y le insta a que los hebreos se repongan y una vez que habían sido perdonados por Dios, que les había permitido volver a su tierra, se pusieran a trabajar para llevar a delante su progreso. El ángel le dijo: «Así habla el señor [...] díganse mutuamente la verdad, [...] no piensen en hacerse mal unos a otros y no amen el falso juramento» (Zc 8,16-17).

Oración para Menadel

Dios lleno de misericordia, Tú que enviaste a tu ángel a Zacarías para otorgar una nueva oportunidad a tu Pueblo Elegido, te ruego que tu ángel me ilumine para poder empezar de nuevo en mi vida las cosas en las que me he alejado de tus designios. Amén.

San Miguel
Príncipe de los ejércitos celestiales

SU NOMBRE SIGNIFICA «¿QUIÉN ES COMO DIOS?»
Y ES UNO DE LOS ÁNGELES MÁS CONOCIDO Y VENERADO CONJUNTAMENTE
POR JUDÍOS, CRISTIANOS Y MUSULMANES.

A diferencia de la práctica totalidad de los ángeles que analizamos en este libro, su nombre aparece expresamente escrito en la Biblia, hasta en cuatro ocasiones. De estas apariciones podemos conocer la privilegiada posición que ocupa San Miguel en la corte celestial. En el libro de Daniel encontramos dos referencias al arcángel: la primera se produce cuando Dios reconoce que el arcángel Miguel le ayuda para luchar contra los persas. La segunda ya avanza el Juicio Final y hace recaer sobre San Miguel la labor de defensa de los justos ante los ataques de Satanás. Ya en la carta de San Judas se vuelve a citar a San Miguel para dar por cierta la antigua tradición judía que relataba que el arcángel y Satanás tuvieron una importante disputa para llevar al Cielo o al infierno el cuerpo de Moisés. Por último, el Apocalipsis le cita: «Entonces se entabló una batalla en el Cielo: Miguel y sus ángeles combatieron contra el Dragón» (Ap 12,7).

La Iglesia, gracias a la revelación en la Escritura, ha otorgado cuatro oficios al arcángel San Miguel. El primero es el de ser el principal contendiente contra Satanás. De ahí su representación con coraza romana, lanza y luchando contra la bestia, o manteniendo bajo sus pies a Satanás en sus diferentes manifestaciones. Otra de las labores que Dios ha encargado a San Miguel es la de rescatar de las garras de Satanás las almas de los fieles, especialmente en el momento de la muerte, buscando el arrepentimiento de los pecados de los moribundos para que puedan ser bendecidos con la vida eterna en el Cielo. Su lucha continua contra el demonio le ha llevado a su tercera labor: ser el patrono de la Iglesia Universal, oficio que le confiere la custodia y guarda de la institución. Por último, Dios ha querido que San Miguel sea el encargado de llamar a las almas para su juicio, por eso se le representa en algunas ocasiones con

una balanza en su mano. Él inicia el juicio en el que serán revisados nuestros actos antes de poder acceder al Cielo.

Existe un consenso entre los teólogos sobre la eminente posición de San Miguel en el orden celestial. Los diferentes matices y teorías surgen a la hora de descifrar el título de «Príncipe» que las Escrituras le otorgan. San Basilio y otros teólogos confieren a San Miguel el primer lugar entre todos los ángeles que Dios ha creado y critican que se le llame arcángel porque él es el «Príncipe de todos los ángeles». En esta línea de otorgar a San Miguel el papel de cabeza de los ángeles también se ha manifestado San Buenaventura, que para encajar su primacía con el orden propio de los coros angélicos le sitúa como «Príncipe de los serafines» (los ángeles más cercanos a Dios). En todo caso la Iglesia, en la liturgia oficial, le designa «Príncipe de los ejércitos celestiales»; y con este título ya le otorga el papel principal que nos ha sido revelado en las Escrituras. La Iglesia, de una manera inteligente, no entra en categorías, que, como hemos expresado a lo largo de este libro, no son más que aproximaciones desde nuestra mente humana a la realidad divina de la creación universal.

La devoción a San Miguel, que comenzó en el judaísmo, ha permanecido firme durante los siglos de existencia del cristianismo. Su poder contra Satanás le hace merecedor de múltiples oraciones y súplicas. A finales del siglo XIX Su Santidad León XIII tuvo una visión en la que observó cómo Satanás y sus demonios desafiaban a Dios y le amenazaban con destruir la Iglesia. San Miguel apareció y una vez más los arrojó al abismo del infierno para que permanecieran allí confinados todos los demonios. Esta visión le causó gran pesar al Santo Padre, que decidió escribir una oración que debería de ser enviada a las diócesis de todos los países para que fuera rezada tras la celebración de la eucaristía. El Concilio Vaticano II puso fin a esta tradición aunque recomendó que la oración se realizara a modo de devoción individual, reafirmando las bendiciones que traería a los fieles, incluida la promesa de la liberación del purgatorio. Esta oración es la que reproducimos en las siguientes líneas.

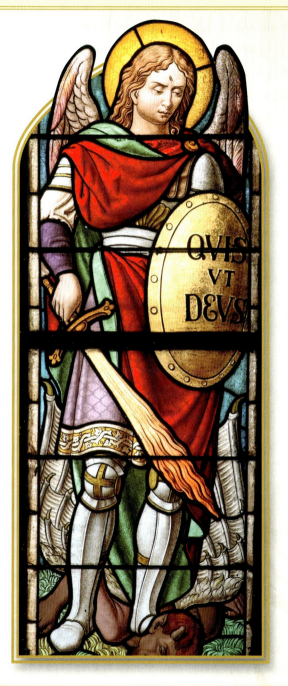

<u>Oración para San Miguel</u>
San Miguel defiéndenos en la batalla. Sé nuestro amparo contra la perversidad y las acechanzas del demonio. Que Dios le reprima, es nuestra humilde súplica; y tú, Príncipe de la milicia celestial, con la fuerza que Dios te ha dado, arroja al infierno a Satanás y a los demás espíritus malignos que vagan por el mundo para la perdición de las almas.
Amén.

Mihael
Ángel del camino de Dios

EL CORO ANGÉLICO DE LAS VIRTUDES, AL QUE PERTENECE MIHAEL,
GOZA DE GRAN DEVOCIÓN DEBIDO A QUE DIOS LES HA ENCARGADO
DAR CUMPLIMIENTO A LAS SOLICITUDES Y FAVORES
QUE LOS HOMBRES REALIZAMOS PARA QUE OBREN MILAGROS EN NUESTRAS VIDAS.

Las virtudes son espíritus angélicos que ofrecen apoyo y fuerza moral para que gracias a la fe en Dios podamos vencer los obstáculos que se presentan en nuestro camino. Mihael proviene de la tradición judía y significa «Dios Padre que socorre». Fue el ángel que salió a la ayuda de la Sagrada Familia para guiarla en su huida a Egipto. Tras el nacimiento de Jesús, el Rey Herodes decreta la matanza de todos los niños recién nacidos del país. El Rey había caído presa del pánico a perder su trono ante los diferentes augurios que le habían confirmado que iba a nacer un niño que se convertiría en «Rey de los judíos».

Ante la imposibilidad de encontrar a Jesús, Herodes provocó una matanza en todo Israel. Afortunadamente la Sagrada Familia pudo escapar porque San José recibió la visita de un ángel en sus sueños, que la tradición reconoce como Mihael, que le advirtió del peligro: «Levántate, toma al niño y a su madre, huye a Egipto y permanece allí hasta que yo te avise, porque Herodes va a buscar al niño para matarlo» (Mt 2,13-14). El ángel también se apareció después a San José para indicarle que ya era el momento de volver a su país.

Desde este hecho Mihael ha sido considerado uno de los ángeles que socorren a los hombres cuando nos encontramos en situaciones de gran peligro para nuestra vida. Su devoción se da entre las personas que realizan viajes, ya sea a pie o en medios de transporte, y se encomiendan al ángel para que les guíe por buen camino.

<u>Oración para Mihael</u>

Ángel del Señor que cuidaste de la Sagrada Familia, tú que custodiaste de todos los peligros a San José, la Virgen y Jesús, intercede por mí ante Dios para que yo también pueda llevar por el camino de la Verdad mi vida y la de mi familia. Amén.

Mikael
Ángel del bautismo

LLAMADO POR LOS JUDÍOS «CASA DE DIOS», ESTE ÁNGEL TRANSMITIÓ A LOS PRIMEROS CRISTIANOS UN IMPORTANTE MENSAJE: LA PALABRA DE JESÚS ES PARA TODOS LOS HOMBRES.

Desde el comienzo del Nuevo Testamento conocemos la revelación divina, pero no es hasta la predicación de Jesús cuando el mensaje de salvación de Dios desborda el ámbito de Israel y tiene la clara intención de ser católico, universal. En los Hechos de los Apóstoles leemos el relato en el que Felipe recibe el encargo de predicar a un etíope.

En aquella época Etiopía era sinónimo de todo el continente africano, el continente negro. Felipe recibe la visita del ángel de Dios, Mikael, que le dice: «Levántate y ve hacia el sur, por el camino que baja de Jerusalén a Gaza; es un camino desierto» (Hch 8,26). Felipe hizo caso al ángel y se puso en camino. Al poco tiempo encontró a un etíope, que era alto cargo de la reina Candace de aquel país, que viajaba en un carro mientras leía al profeta Isaías. El ángel del Señor dijo a Felipe que se acercara a él y le preguntara si entendía lo que estaba leyendo. Así hizo y el etíope le contestó de buen grado que no entendía bien lo que significaba porque nadie se lo había explicado. Ambos se tomaron un descanso en el camino y Felipe le explicó el texto de Isaías y cómo Jesús daba cumplimiento a esas profecías. El etíope quedó imbuido del Espíritu Santo y pidió a Felipe que le bautizara. El Apóstol así lo hizo, y al momento el ángel de Dios le hizo desaparecer de aquel lugar.

El relato tiene una vital importancia porque se ha tomado como símbolo de la voluntad divina para construir una Iglesia universal. Felipe predica simbólicamente a todo un continente y bautiza al primer africano. Por este relato Mikael, el ángel que la tradición relaciona con esta aparición, es considerado uno de los precursores del bautismo de los gentiles.

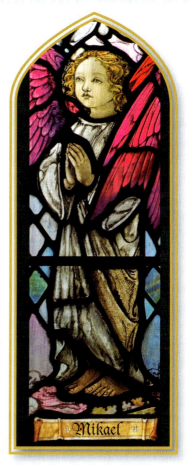

Oración para Mikael

Dios Padre creador del Universo, Tú que entregaste a tu hijo para que nos trajera la salvación a todos los hombres, y que enviaste a tus ángeles para que propagaran el mensaje de Jesús, ayúdame a ser testigo fiel de nuestro Salvador, envía tu ángel para que me asista en la tarea de la propagación de la Verdad. Amén.

Mumiah
Ángel del fin de los tiempos

PARA LA TRADICIÓN JUDÍA MUMIAH ERA EL ÁNGEL «FIN DE TODAS LAS COSAS».
Y PARA EL CRISTIANISMO MUMIAH SERÁ UNO DE LOS ÁNGELES
QUE TOCARÁN LAS TROMPETAS QUE ANUNCIARÁN EL JUICIO FINAL.

El libro del Apocalipsis, en el que se relata el Juicio Final, nos ha enseñado que los ángeles, como ejército de Dios y sus siervos más leales, serán los que protagonizarán los hechos más importantes del final de los tiempos. A ellos, y en especial al coro angélico de los ángeles por su cercanía al hombre, encargará Dios la ejecución de la batalla final contra las huestes de Satanás.

San Juan nos relata en el Apocalipsis que siete ángeles tocarán sus trompetas para anunciar los castigos del Cielo a los pecadores. Un ángel tocará la primera trompeta y caerá granizo y fuego que consumirá la tercera parte de la Tierra. Este ángel que da inicio a las calamidades por las que pasarán los hombres es el que se asocia con Mumiah. Otros ángeles le seguirán y tocarán las trompetas cuando se lo pida el Señor. Así caerá una masa incandescente sobre la Tierra que convertirá el mar en sangre, o se oscurecerá el sol y los astros celestiales. Todas estas profecías que describen catástrofes naturales tienen la intención de remover las conciencias de los creyentes para incentivar su fe y que no abandonen la práctica de la virtud. Los angeólogos han considerado que Mumiah, al igual que en el Apocalipsis es el encargado de cerrar una etapa de la vida y dar comienzo a una nueva, también puede ser invocado para que interceda ante Dios por nosotros para que podamos experimentar un cambio vital que nos acerque a la fe.

Oración para Mumiah

Señor Dios, justo y misericordioso, te ruego que envíes tu ángel sobre mí
para que ayude a cambiar mi vida, abandonar el pecado y renacer en la virtud
de tu palabra eterna. Amén.

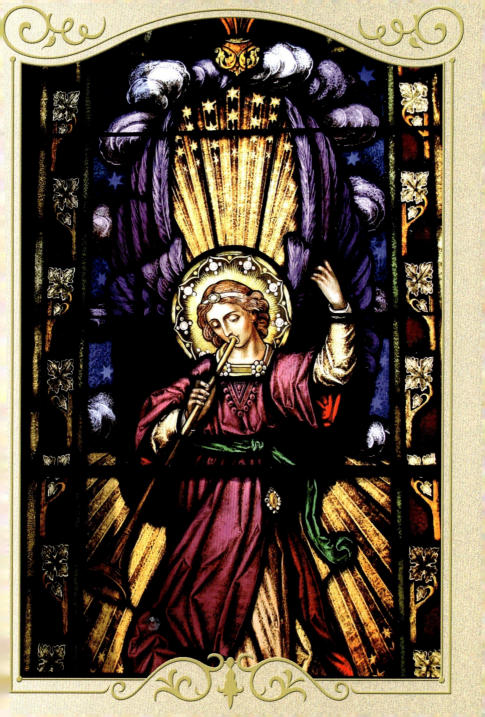

Nanael
Ángel de la buena nueva

PERTENECIENTE AL CORO DE LAS POTESTADES, ERA CONSIDERADO POR EL JUDAÍSMO COMO UN ÁNGEL QUE PERMITÍA CONOCER LA VERDAD SOBRE LA VIDA Y LA NATURALEZA. PARA LA TRADICIÓN CRISTIANA FUE EL ESPÍRITU ANGÉLICO QUE ANUNCIÓ EL NACIMIENTO DE JESÚS A LOS PASTORES.

En la época del nacimiento de Jesús los pastores, de los que hoy tenemos una imagen bucólica, eran considerados habitualmente truhanes y ladronzuelos debido a los escasos medios de vida de los que disponían. Dios nos presenta cómo el anuncio del nacimiento de su hijo además de a reyes y sabios, se anuncia también a los pecadores a los que Cristo viene a salvar. San Lucas refleja en su evangelio: «Había […] unos pastores que dormían al raso y vigilaban por turno durante la noche a su rebaño. Se les presentó el ángel del Señor, y la gloria los envolvió en su luz; y se llenaron de temor» (Lc 2,8-9). El ángel les dijo que no temieran pues había sido enviado para anunciarles una gran alegría que lo sería para todo el pueblo. Les dijo que en la ciudad de David, Belén, había nacido un salvador.

Cuenta también San Lucas que el milagro fue aún mayor puesto que al terminar el discurso del ángel, se abrió el Cielo y aparecieron los coros celestiales cantando: «Gloria a Dios en las alturas y en la Tierra paz a los hombres en quienes Él se complace» (Lc 2,12).

En la primera época del cristianismo todas las apariciones angélicas que anunciaban el nacimiento de Jesús fueron adjudicadas al arcángel San Gabriel. Tiempo después los santos y los estudiosos de las Sagradas Escrituras quisieron diferenciar la anunciación a la Virgen María, y su precedente en el milagro obrado con Zacarías e Isabel, de los mensajes sobre el nacimiento de Jesús que recibieron las gentes de Galilea.

Oración para Nanael

Ángel de Dios que anunciaste a los pastores el nacimiento de nuestro Señor Jesús, y los llenaste de la gloria divina, muéstrame también el camino para que con la intercesión de la Virgen María pueda seguir los pasos de Cristo. Amén.

Nelkhael
Ángel de la conversión a la fe

PERTENECIENTE AL CORO ANGÉLICO DE LOS TRONOS,
EL ÁNGEL NELKHAEL ES LLAMADO POR LOS HEBREOS «DIOS SOLO Y ÚNICO».

Los tronos son el coro angélico que mayor fuerza espiritual imprime a sus acciones. Nelkhael tiene una importante presencia en las conversiones a la verdadera religión que llevaron a cabo los paganos a lo largo de los siglos. Nelkhael siempre se asocia con el paso de una fe politeísta, o incluso la total ausencia de fe, a una verdadera conversión a Dios, único y verdadero, como el nombre del ángel Nelkhael.

Los Hechos de los Apóstoles nos cuentan que el centurión Cornelio, que era un hombre piadoso y temeroso de los dioses, practicaba la virtud y la limosna, un día «observó claramente a un ángel que le llamó» (Hch 10,4) y le indicó que pusiera en marcha a sus hombres para que se dirigieran a la ciudad de Jope para buscar a «un tal Simón, un curtidor que vive a la orilla del mar». El centurión, extasiado por la visión, se apresuró a cumplir las órdenes del ángel. Al mismo tiempo San Pedro tuvo también una visión en la que se le advertía de que unos hombres iban a ir a buscarle y que debía acompañarlos para predicar la palabra de Dios a su amo. Así se hizo y cuando San Pedro llegó a casa de Cornelio, este le relató que había tenido una visión en la que «un hombre con vestiduras resplandecientes» (Hch 10,30) le había indicado que le hiciera llamar. San Pedro le explicó que todo era designio de Dios y le contó la vida de Jesús y sus milagros. El centurión y toda su familia se convirtieron al cristianismo y fueron testigos de la fe. Según cuenta la tradición, Cornelio llegó a ser Obispo de Cesarea.

Oración para Nelkhael

Ángel de Dios que iluminaste a San Pedro y al centurión Cornelio para que tu Palabra fuera difundida a los puros de espíritu, te ruego que intercedas por mí ante Dios nuestro Señor para que en mí vuelva a prender la llama de la Palabra eterna de Jesús y me convierta en testigo de su fe. Amén.

Nith-Haiah
Ángel de la entrega al prójimo

SU NOMBRE SIGNIFICA «DIOS DA SABIDURÍA» Y PERTENECE AL CORO DE LAS DOMINACIONES, QUE HAN APORTADO BONDAD Y MISERICORDIA A SU TRABAJO ANGÉLICO.

Las dominaciones se caracterizan por inspirar en personas concretas acciones que beneficiarán a un grupo importante de hombres. Un ejemplo de intervención angélica que consiguió un gran beneficio para miles de personas lo encontramos en la vida de San Pedro Nolasco, que fundó en Barcelona (España) la orden de Nuestra Señora de la Merced. El rey Jaime I y el Papa Gregorio IX apoyaron esta misión que claramente contó con la inspiración divina. La tradición cuenta que el Santo tuvo dos visiones importantes a lo largo de su vida: en la primera el ángel, que los estudiosos han señalado como Nith-Haiah, se le apareció mostrándole una imagen idealizada de Jerusalén.

La Ciudad Santa de la que habla el Apocalipsis necesitaba que los cruzados la devolvieran a su herencia cristiana. La tarea no estaba siendo fácil para los cruzados y muchos de los que lo intentaban caían presos en manos de los piratas musulmanes. Este hecho conmocionó a San Pedro Nolasco, que dedicó su patrimonio a organizar expediciones para pagar el rescate de los cautivos cristianos. Más tarde la Virgen María se le apareció también para indicarle que su misión debía ser elevada y compartida, y le encomendó crear la orden religiosa que finalmente instituyó.

Además de los tres votos habituales de las órdenes religiosas, los mercedarios realizaban una cuarta promesa por inspiración del ángel: «Estar dispuestos a entregarse como rehenes si fuera el único medio para cumplir su promesa de liberación de los cautivos». La inspiración angélica dio importantes frutos y la orden de San Pedro Nolasco salvó a más de 80.000 cautivos hasta que desapareció la piratería musulmana de las aguas del Mediterráneo.

<u>Oración para Nith-Haiah</u>
Dios misericordioso, Tú enviaste a tu ángel para que ayudara a San Pedro Nolasco a redimir a los cautivos. Te ruego que me envíes tu ángel para que yo pueda ser salvado del cautiverio del pecado y con mi ejemplo pueda ayudar a los que me rodean.
Amén.

Nithael
Ángel de la navegación

Su nombre significa «Rey de todas las cosas» y ha sido el ángel protector de los marineros y aquellos que realizan una travesía naval.

Este ángel pertenece al coro de los principados, encargado de proteger países, instituciones y grupos de personas. El libro de los Hechos de los Apóstoles nos relata el episodio en el que San Pablo escapó de una muerte segura en el mar gracias a la intervención del ángel del Señor.

El Apóstol había sido llevado a juicio por su predicación. Para evitar los disturbios de un juicio sumarísimo como el que sufrió Jesús, decidieron enviarlo a Roma para que fuera juzgado directamente por las máximas autoridades del Impero. San Pablo fue embarcado como preso, aunque las Escrituras reconocen que el centurión al cargo de la nave le trató con respeto y afecto. Los Hechos de los Apóstoles relatan detalladamente el viaje que realizó el barco y en los puertos en los que iban haciendo escala.

El problema llegó cuando una tempestad causó importantes daños en el barco dejándolo completamente a la deriva. Los marineros y los más de dos centenares de personas que ocupaban la embarcación cayeron presas del pánico.

San Pablo se dedicó a orar sin descanso y en medio de sus rezos recibió la visita de un ángel, que la tradición señala como Nithael, que le dijo: «No temas, Pablo. Tú debes comparecer ante el Emperador y Dios te concede la vida de todos los que navegan contigo» (Hch 27,24). San Pablo contó a todos su visión y la calma cundió entre los presentes. Muchos de ellos se convirtieron al cristianismo. El barco permaneció más de dos semanas a la deriva, pero finalmente pudo llegar a tierra y ser reparado.

Oración para Nithael

Ángel del Señor, tú que guiaste a San Pablo y los navegantes en la inmensa tormenta, intercede por mí ante Dios para que te envíe a mi rescate. Ruego tu asistencia para que tu guía me permita escapar de la deriva del pecado y la lejanía de Dios, para que mi corazón sea restaurado y pueda volver al camino de Jesucristo nuestro Señor. Amén.

Omael
Ángel de la paciencia

ES UNO DE LOS ÁNGELES A LOS QUE JUDÍOS Y CRISTIANOS OTORGAN EL MISMO SIGNIFICADO, «DIOS PACIENTE», PERTENECE AL CORO DE LAS DOMINACIONES Y HA ASISTIDO CON PROBADA DEDICACIÓN A LOS SANTOS Y A LAS PERSONAS QUE SON PUESTAS A PRUEBA POR DIOS.

La tradición ha visto la figura de Omael en numerosas intervenciones angélicas. En el Antiguo Testamento la persona de Job representa con toda virtud el triunfo de la paciencia y la fe en Dios. El Santo fue bendecido por Dios con la abundancia material, pero ante la insistencia de Satanás por probar su fe, Dios permitió al demonio que pusiera a prueba su integridad. Satanás lo acechó y se ensañó en Job. Le quitó absolutamente todo cuanto poseía: tierras, ganado, casas…

Pero la prueba no terminó con todas sus posesiones materiales, sino que llegó a sufrir el repudio de su mujer y la muerte de sus hijos. Ante tales pruebas, Job siempre respondía con paciencia y sin queja. Confiaba en el Señor y continuaba amándolo. Él rogaba la intercesión de los ángeles, incluso en un sueño llegó a luchar contra uno de ellos, pero nada parecía conseguir que su suerte cambiara. El ángel le pedía que se mantuviera fuerte y firme en la fe. El libro de Job nos cuenta en su último capítulo cómo la prueba fue superada, Satanás derrotado y el Santo recompensado. El ángel del Señor se le apareció para alabar su paciencia y le anunció que su felicidad sería restituida: «Bendijo los últimos años de Job mucho más que los primeros […] tuvo además siete hijos y tres hijas y hasta 14.000 ovejas […] vivió todavía ciento cuarenta años» (Job 42,10 ss).

Oración para Omael

Sólo te pido, Señor, me concedas la paciencia de espíritu que tus ángeles infundieron en el Santo Job. Ayúdame a valorar la verdadera razón de mi existencia y a practicar la virtud de la paciencia. Amén.

Pahaliah
Ángel de las misiones

Su nombre significa «Dios Redentor» y es conocido por promover la justicia en la distribución de las riquezas materiales entre los hombres.

Los tronos, coro angélico al que pertenece, tienen el encargo divino de administrar la justicia en el Cielo y en la Tierra. El concepto cristiano de justicia no se acaba en la fórmula legal que aplican los tribunales terrenales. Para Dios la justicia es la conformidad y práctica de las leyes divinas. En el siglo XIX nos encontramos con una de las apariciones que la tradición ha relacionado con el ángel Pahaliah. El ángel tuvo un destacado papel en la vida de Santa Teresita de Lisieux. La joven monja carmelita, que ha sido declarada Doctora de la Iglesia, es el vivo ejemplo de la preocupación sincera por el bienestar del prójimo.

Tuvo que enfrentarse desde pequeña a su delicada salud que le obligaba a permanecer días enteros en la cama. En este tiempo ella rezaba y se encomendaba al Señor. Santa Teresita es conocida por su cultivada relación de cotidianidad con los ángeles que la custodiaban. Ella les hablaba y se relacionaba con ellos con el mismo trato que con sus hermanas de la orden. La Santa llegó a explicar que: «Los mismos ángeles en la Tierra me eligen los libros que debo leer y me dicen lo que debo escribir».

En las incontables ocasiones en las que departía con los ángeles, ella les pedía que intercedieran por su salud para poder cumplir su sueño de ser misionera. Pahaliah la tranquilizaba y le indicaba que Dios quería que ella diera testimonio de santificación en las pequeñas cosas que todos podemos hacer cada día. Gracias a la asistencia de los ángeles, Santa Teresita pudo escribir numerosas oraciones que eran enviadas a los misioneros de todo el mundo. Tras su muerte y canonización en 1927 fue declarada Patrona de las Misiones, pese a que había vivido toda su vida en un convento.

Oración para Pahaliah

Dios Padre de todos los hombres, Tú que enviaste a tu ángel para que iluminara a Santa Teresita de Lisieux, otórgame la bendición de poder escuchar y entender a los espíritus angélicos que me guardan para poder perfeccionar mi vida y abundar en tu camino hacia el Cielo. Amén.

Poyel
Ángel del matrimonio

COMO ÁNGEL DEL CORO DE LOS PRINCIPADOS, POYEL VELA POR LA PROTECCIÓN Y CUSTODIA DE LAS INSTITUCIONES RELIGIOSAS Y CIVILES. «DIOS QUE SOSTIENE EL UNIVERSO» ES EL NOMBRE QUE LOS JUDÍOS LE DABAN.

La llegada del cristianismo fue transformando poco a poco el sentido del nombre del ángel y lo acercó a la protección que prestaba tanto a los que le invocaban como a las personas que se encontraban casados con ellos. La tradición de la Iglesia hace referencia al ángel Poyel ligado al episodio del matrimonio místico de Santa Catalina de Siena. Corría el siglo XIV cuando la joven Catalina vivía desde pequeña entregada a la oración. Aunque no tuvo una educación formal, sí que conocía todo tipo de oraciones y la vida de Jesús.

Con sólo siete años hizo voto de castidad. Cuando a los doce años sus padres comenzaron a prepararla para elegir un marido, ella se encerró en su cuarto, se rasuró el cabello y, cubierta con un velo, decidió desposarse con Jesús. En ese momento el ángel se le apareció y ella le confirmó su intención de convertirse místicamente en esposa de Cristo y dedicarse a la vida contemplativa.

La Santa cayó en éxtasis y pudo ver cómo con la ayuda del ángel se presentaban ante ella la Virgen María y Jesús de niño que le entregaba un anillo como muestra de sus esponsales. El ángel ejercía de testigo del enlace y desde ese momento se convirtió en su ángel de la guarda, que la asistía en sus sesiones de oración y ayuno.

Desde ese instante, las personas que van a casarse, o las parejas que tienen problemas en su matrimonio, invocan a Santa Catalina de Siena y al ángel Poyel que la asistió en su matrimonio místico, para que les colmen de bendiciones.

Oración para Poyel

Jesús, Hijo de Dios, tú que por medio de tu ángel desposaste místicamente a Santa Catalina, envíanos tu bendición para que nuestro matrimonio sea fiel reflejo de la bondad de Dios. Amén.

San Rafael
Arcángel de la salud

RAFAEL CIERRA EL GRUPO DE ARCÁNGELES A LOS QUE LA BIBLIA SE REFIERE CON SU NOMBRE PROPIO EN DIFERENTES OCASIONES.

Su nombre aparece en el libro de Tobías y es traducido como «Medicina de Dios» o más concretamente «Dios ha obrado la salud». Es el ángel al que Dios encarga la custodia de los enfermos y el que realiza sanaciones milagrosas. Dios le envió para sanar la ceguera de Tobías. Pero también, como el resto de arcángeles, es la punta de lanza de la lucha de Dios contra el demonio. El Señor le envía para realizar un exorcismo a Sara: «Y fue enviado Rafael [...] para dar a Sara librándola del demonio Asmodeo» (Tb 3,17).

Gracias al libro de Tobías, del Antiguo Testamento, conocemos gran parte de los atributos espirituales del arcángel. Él se aparece a Tobías como compañero de viaje, y el profeta no le reconoce. Su travesía es narrada a modo de una aventura épica en la que el lector observa constantemente los numerosos milagros que San Rafael realiza para proteger al joven Tobías. Su poder sobre la salud ha marcado la devoción a este ángel. Los teólogos consideran que también San Juan, en su Evangelio, habla de San Rafael cuando relata el episodio de la piscina milagrosa llena de enfermos. Para la tradición judía, la alberca probática era un lugar de sanación. En ella los enfermos esperaban durante jornadas junto a su borde esperando que «las alas del ángel del Señor» movieran el agua. En ese instante se cuenta que la primera persona que se sumergía completamente quedaba sanada de sus males.

Sus apariciones para traer la salud tras un brote de enfermedad han sido continuas a lo largo de la historia. En el siglo XVI cuando la ciudad española de Córdoba sufría con especial virulencia un brote de peste, San Rafael se apareció a un sacerdote de la localidad y le dijo: «Yo te juro, por Jesucristo Crucificado, que soy Rafael, ángel de Dios». Desde ese instante la epidemia comenzó a remitir y la ciudad de Córdoba,

San Rafael

en agradecimiento le reconoció como ángel custodio de la urbe. Para los musulmanes Rafael será el arcángel que anuncie el día del Juicio Final. Según sus tradiciones aparecerá sobre el Cielo y tocará un corno, la rudimentaria trompeta de los pastores del desierto.

La iconografía religiosa ha recogido las tradiciones sobre San Rafael y podemos verle representado con vara para caminar, e incluso con ropas de peregrino, en referencia al viaje que realizó con Tobías. También es común que sea representado con un pez debido al relato en el que San Rafael salvó a Tobías de que un gran pez mordiera su pie mientras se bañaban en el río, tras una jornada de su viaje.

Oración para San Rafael

Gloriosísimo príncipe San Rafael, antorcha dulcísima de los palacios eternos, caudillo de los ejércitos del Todopoderoso, emisario de la divinidad, órgano de sus providencias, ejecutor de sus órdenes, recurso universal de todos los hijos de Adán, amigo de tus devotos, compañero de los caminantes, maestro de la virtud, protector de la castidad, socorro de los afligidos, médico de los enfermos, auxilio de los perseguidos, azote de los demonios, tesoro riquísimo de los caudales de Dios.

Tú que eres ángel y santo, uno de aquellos siete nobilísimos espíritus que rodean el trono del Altísimo. Confiados en el grande amor que has manifestado a los hombres, te suplicamos humildes nos defiendas de las tentaciones del demonio en todos los pasos y estaciones de nuestra vida. Que alejes de nosotros los peligros de alma y cuerpo, poniendo freno a nuestras pasiones delincuentes y a los enemigos que nos tiranizan. Que derribes en todos los lugares el monstruo de las herejías y la incredulidad que intenta devorarnos. [...]
Amén.

Rehael
Ángel protector contra la injusticia

EL NOMBRE DE REHAEL PROVIENE DEL HEBREO
«DIOS QUE RECIBE A LOS PECADORES».

Fue clasificado por Santo Tomás entre el coro de las potestades por su fuerza para ayudar a las personas que van a ser juzgadas, tanto por Dios como por los hombres y hacer que la verdad y la justicia salgan a la luz. Todavía hoy en día es habitual que una persona inocente se enfrente a un juicio injusto de la ley de los hombres. La Escritura muestra también varios ejemplos de cómo los enviados de Dios han sido tratados de una manera incorrecta por las leyes dictadas por personas contrarias a Dios.

Este trabajo de guarda de los injustamente condenados tiene su origen bíblico en el episodio que vivió el profeta Daniel. Durante el exilio de los judíos en Babilonia él consiguió ascender en la administración del reino y causó la envidia de los sátrapas que se repartían el poder. Ellos convencieron al rey Darío para que dictara un edicto en el que se prohibía durante un mes el rezo a cualquier Dios a excepción de las loas que se deberían realizar a la persona del propio monarca. Esta norma contravenía la Ley de Dios dada a los judíos. Daniel hizo caso omiso y prosiguió con sus rezos y letanías. Los sátrapas le acusaron y Darío, que se veía incapaz de castigar de forma directa a su mejor sirviente, ordenó que fuera llevado al foso de los leones. Allí permaneció Daniel una noche entera y cuando los guardas fueron a buscar sus restos al día siguiente, le encontraron vivo junto a los leones, que ahora se encontraban apacibles. Daniel al hablar con el monarca le dijo: «Mi Dios me ha enviado a su ángel y ha cerrado las fauces de los leones, [...] yo he sido hallado inocente en su presencia» (Dn 6,23). El rey Darío perdonó a Daniel y condenó a sus sátrapas a pasar una noche entre los leones. Ninguno de ellos sobrevivió a las bestias. Esta acción salvadora del ángel nos enseña que la justicia de los hombres no siempre es acorde a la justicia divina. Ángeles como Rehael tienen el encargo de Dios de corregir los errores de la justicia humana y dignificar a los siervos de Dios que se someten a ella con fe.

Oración para Rehael

Dios justo y eterno. Tú que enviaste al ángel para salvar a Daniel de ser devorado por los leones, te pido que también a mi me ilumine tu ángel para poder escapar de las injusticias que me rodean y dar testimonio de vida ejemplar. Amén.

Reiyel
Ángel de Jerusalén

REIYEL PERTENECE AL CORO DE LAS DOMINACIONES.
SU GRUPO COORDINA AL RESTO DE ÁNGELES PARA PONER
EN MARCHA LAS TAREAS ENCOMENDADAS POR DIOS.

También se dedican a custodiar lugares o personas que tienen una gran importancia para el Señor. Los hebreos llamaban a Reiyel «Dios pronto a socorrer» con un claro significado de la ayuda que el ángel presta a sus devotos. Reiyel, que es capaz de sanar o recomponer situaciones o personas tras un fuerte sufrimiento, está relacionado con Jerusalén. El Señor había elegido la ciudad por medio de la revelación del ángel. También gracias a la intervención angélica se construyó el Templo de Jerusalén.

En la época del exilio de los judíos, cuando Dios les castigó por sus pecados, la ciudad fue presa del terror y los enemigos de los israelíes se hicieron con ella. Más tarde el ángel que anunció la vuelta a la Tierra Prometida también pidió la reconstrucción del Templo de Jerusalén. Ya en el Apocalipsis, el final del Nuevo Testamento, Jerusalén se convierte en el símbolo de la Ciudad de Dios, el mítico Reino de los Cielos, donde eternamente las almas que hayan glorificado a Dios compartirán la vida con los ángeles.

Es a esta Jerusalén celestial a la que, según la tradición, el ángel Reiyel guarda y custodia. En el libro de Daniel y en el Apocalipsis encontramos claramente definida la encomienda de Dios al ángel para que cuide de «su» ciudad.

Este es un ángel con un profundo significado místico y religioso. Los teólogos cristianos muestran en numerosos escritos la necesidad de que todos los creyentes conformemos una comunidad espiritual, que siguiendo las normas de Dios, traiga el Reino de Dios a la Tierra.

<u>Oración para Reiyel</u>

Dios mío y Padre nuestro, Tú que has enviado a tu ángel para proteger y cuidar a toda la comunidad de creyentes, ten misericordia de nosotros, perdona nuestros pecados y muéstranos, gracias a la ayuda de tus ángeles, el camino para vivir de acuerdo a la Verdad de tu Palabra. Amén.

Rochel
Ángel vengador

PERTENECE AL GRUPO DE LOS ÁNGELES QUE CONFORMAN EL CORO ANGÉLICO MÁS CERCANO A LOS HOMBRES Y EL QUE LLEVA A CABO LA MAYOR PARTE DE LAS MISIONES DE CUSTODIA INDIVIDUAL, COMO ÁNGELES GUARDIANES.

También un pequeño número de ellos han sido enviados a realizar labores concretas como sus hermanos del resto de coros angélicos. Rochel, el ángel al que los judíos llamaban «Dios que lo ve todo», tuvo un importante papel en la tradición hebrea que decreció con la llegada del cristianismo. Rochel ha sido el ángel vengador. Los judíos, y todo el Antiguo Testamento, están impregnados de una visión de Dios Padre cuya mayor virtud es la estricta aplicación de la justicia divina. Jesús trae un mensaje renovador y sitúa como piedra angular de su predicación el amor y la misericordia.

Pese a ello, en la primera época del cristianismo todavía encontramos referencias a un ideal de justicia divina que incluye la «venganza» o castigo por los pecados cometidos. Así el ángel Rochel es el que se asocia con la muerte del rey Herodes Antipas, sanguinario monarca perteneciente a la dinastía que en los últimos años había cometido multitud de crímenes: como la persecución y muerte de miles de niños judíos con el fin de eliminar al Mesías prometido, el asesinato de San Juan el Bautista, o la condena y ejecución de Santiago, hermano de Juan.

Cuenta el libro de los Hechos de los Apóstoles que el ángel terminó con la vida del Rey. «En ese instante el ángel del Señor lo hirió, por no haber dado gloria a Dios, y Herodes murió carcomido por los gusanos» (Hch 12,23). La tradición ha creído que Rochel fue el ángel al que Dios confió esta misión puesto que en anteriores relatos bíblicos ya se había hecho presente para vengar las injusticias cometidas por otros monarcas de Israel.

Oración para Rochel

Dios Padre todopoderoso, Tú que tienes en tu mano todo el poder sobre la vida y la muerte, ten misericordia de mí y no envíes tu ángel vengador para hacer justicia sobre mis pecados, y permíteme empezar una nueva vida con atención a tu Palabra. Amén.

Seheliah
Ángel de la humildad

EL ÁNGEL SEHELIAH PERTENECE AL CORO DE LAS VIRTUDES,
EL CUAL DESTACA POR LA GRAN FUERZA
QUE IRRADIA A SUS PROTEGIDOS.

Las virtudes aportan un gran coraje para superar situaciones difíciles o grandes pruebas de la vida. Y los judíos llamaban a Seheliah «motor de todas las cosas» por la gran fuerza que transmite. Los cristianos, bebiendo de las fuentes hebreas, consideran que el ángel Seheliah pudo ser el que se apareció a San José para anunciarle que su mujer, la Virgen María, a la que no había conocido carnalmente, iba a dar a luz a un hijo. La historia siempre ha reconocido la profunda humildad de corazón de San José, que en una sociedad como la judía de hace más de dos mil años, aceptó los designios de Dios con gran obediencia.

Los Evangelios narran las tribulaciones que vivió San José al descubrir que su mujer se encontraba en estado de buena esperanza: «José, su esposo, como era justo y no quería exponerla a la infamia, pensó repudiarla en secreto. Consideraba él esas cosas cuando un ángel del Señor se le apareció en sueños» (Mt 1,16-18).

La Escritura cuenta cómo el ángel dijo al Santo: «José, hijo de David, no temas recibir a María, tu esposa, pues lo que en ella ha sido concebido es obra del Espíritu Santo. [...] El que nazca salvará a su pueblo de los pecados» (Mt 1,22-23). San Mateo nos indica que al despertar del sueño San José hizo todo lo que el ángel Seheliah le había indicado.

Por su parte, algunos escritos apócrifos de la época abundan en la intervención del ángel y relatan con mayor detalle el episodio. Allí se nos cuenta que San José preguntó al ángel por qué había de ocurrirle esto a él y el ángel lo calmó y «le infundió humildad en su espíritu para poner en manos de Dios toda su vida».

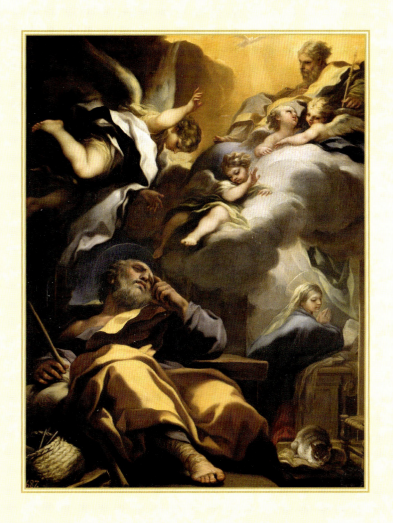

Oración para Sehelíah

San José, Patrón de la Iglesia, tú que recibiste la visita del ángel para aceptar con humildad los designios de Dios, intercede para que el ángel del Señor infunda sobre mí su fuerza, coraje y humildad para hacer frente a los desafíos de mi vida. Amén.

Seheiah
Ángel de la fortaleza

LAS DOMINACIONES, CORO AL QUE PERTENECE SEHEIAH, HAN DESTACADO POR SU LABOR DE PROTECCIÓN DE LOS MÁS DESTACADOS SANTOS Y PERSONAJES BÍBLICOS.

La labor de las dominaciones como organizadoras de las tareas del resto de coros angélicos no les ha impedido cumplir el encargo divino para custodiar a personas de especial relevancia. Seheiah, llamado «Dios que imprime fuerza a los débiles» por los judíos, es el ángel que la tradición reconoce como custodio de Sansón.

El héroe judío nació en la época en la que el pueblo de Israel estaba sometido a los filisteos. La Biblia narra que los judíos habían sido injustos a los ojos de Dios. El Señor los castigó entregándolos al dominio del pueblo vecino durante cuarenta años. Los judíos estaban oprimidos y Dios, apiadándose de ellos, quiso enviarles un líder que les ayudara a superar sus aflicciones.

Cuenta el Libro de los Jueces que un ángel, Seheiah, se apareció a la madre de Sansón, Manoa, y le dijo: «Tú eres estéril y no has tenido hijos, pero vas a concebir y a dar a luz un hijo». El anuncio sorprendió a Manoa, pero el ángel continuó explicándole las razones de este milagro y las severas normas que ella y su hijo deberían guardar para que la obra de Dios llegara a buen puerto: «Dejarás de beber vino o cualquier bebida fermentada y no comerás nada impuro [...]. La navaja nunca pasará por su cabeza, porque el niño estará consagrado a Dios desde el seno materno. Él comenzará a salvar a Israel del poder de los filisteos» (Jc 13,5-6). Es el ángel el que anuncia el poder que tendrá Sansón, su fuerza sobrehumana, y también la condición que ha de cumplir como símbolo de consagración a Dios para mantener este don. El relato termina trágicamente al caer Sansón en la trampa de Dalila, y entregarse a la tentación de la lujuria y permitir que su pelo fuera rasurado.

<u>Oración para Sehejah</u>

Ángel de Dios, tú que anunciaste a Sansón que Dios le había elegido, y Dios le bendijo con el don de la fortaleza, intercede por mí ante el Altísimo para que también su fuerza inunde mi espíritu y me ayude a alcanzar la gloria de la vida eterna. Amén.

Sitael
Ángel de las puertas del cielo

PERTENECE AL CORO DE LOS SERAFINES Y SU NOMBRE SE TRADUCE POR «DIOS ES LA ESPERANZA DE TODAS LAS CRIATURAS». UNGIÓ MÍSTICAMENTE A JACOB Y FUE EL ENCARGADO DE MOSTRARLE LAS PUERTAS DEL CIELO POR LAS QUE LAS ALMAS PURAS LLEGAN HASTA DIOS.

Los serafines son los ángeles que Santo Tomás consideraba más cercanos a Dios. Ellos han bendecido a profetas y santos, y les han dado el don de poder decir la Palabra de Dios. El libro del Génesis nos narra la historia del patriarca Jacob, discípulo predilecto de Dios y nieto de Abrahám, que llegaría a ser renombrado por Dios como Israel y es considerado el padre de todos los judíos. Jacob fue bendecido con numerosas visiones a lo largo de su vida. En ellas tanto los ángeles como Dios mismo le hablaban y le profetizaron hechos de la historia de Israel.

Uno de los más importante relatos es el llamado «La escalera de Jacob». Se encontraba el Patriarca inmerso en un profundo sueño cuando un ángel se le apareció y le mostró la gloriosa visión de «una escalinata apoyada sobre la tierra, y cuyo extremo superior tocaba el Cielo. Por ella subían y bajaban ángeles de Dios» (Gn 28,12).

Para la tradición judía con esta visión que le mostró el serafín Sitael, Dios señaló a Jacob la existencia de una conexión directa entre Cielo y Tierra. Ese lugar, el monte Moira, será el elegido siglos después para construir el Templo de Jerusalén, símbolo de la presencia de Dios entre los humanos. Los cristianos consideran que el serafín mostró a Jacob el camino que recorren los ángeles entre el Cielo y la Tierra, que a su vez es el mismo que tienen que recorrer las almas para llegar a las puertas del Cielo.

Oración para Sitael

Dios Padre, Señor de los ángeles, Tú que mostraste a Jacob la puerta del Cielo y le diste la bendición de poder conocer a los ángeles que te acompañan, bendíceme también a mí, para que pueda presentarme ante tu ángel en las puertas de tu Reino y sea digno de acompañar a los ángeles y disfrutar con ellos de tu eterna presencia. Amén.

Uriel
Arcángel de la luz de Dios

URIEL, CUYO NOMBRE NO APARECE EN LOS TEXTOS SAGRADOS
QUE CONFORMAN LA BIBLIA DE LA IGLESIA CATÓLICA,
ES EL ARCÁNGEL DE LA «LUZ DE DIOS».

Los arcángeles tienen también el encargo de liderar cada uno del resto de coros angélicos, a modo de ejército celestial, en la lucha eterna de Dios contra Satanás. Los arcángeles, además de los cometidos propios, son los príncipes y generales de todos los espíritus angélicos.

La tradición rabínica también le da el nombre de «Llama de Dios». El nombre de los siete arcángeles es revelado en el Libro de Henoc, un escrito apócrifo al que el catolicismo acude en ocasiones como fuente pero que no reconoce como parte de las Escrituras. El judaísmo y la Iglesia copta sí que confieren carácter de revelación divina al libro de Henoc. La Biblia copta, la que más libros sagrados contiene de todas las iglesias, nos relata diferentes episodios en los que aparece el arcángel Uriel. En ellos se le describe como ángel «del trueno, el temblor y la luz». También se le relaciona con el anuncio a Noé de la llegada del diluvio universal.

En los escritos apócrifos del inicio del cristianismo también encontramos referencias al arcángel Uriel. En ellos se relata cómo participó en la crianza de San Juan el Batista, custodiándolo y evitando que fuera asesinado en la matanza ordenada por Herodes para terminar con todos los bebés del reino. La tradición cuenta que él guió a San Juan y su madre, Isabel, hasta Egipto para que se encontraran con la Sagrada Familia, que también había escapado de Israel gracias a la intercesión angélica. Este hecho inspiró a Leonardo da Vinci a realizar el cuadro La Virgen de las Rocas, donde aparece María con San Juan, Jesús y el arcángel Uriel.

Para Milton, teólogo protestante y autor del poema religioso *El Paraíso perdido*, Uriel era el «espíritu angélico con la visión más aguda de todo el Cielo» y le considera el patrono de las artes y de la inteligencia. Otros estudiosos de los textos apócrifos han considerado que Uriel es el ángel del arrepentimiento que aparece en el Apocalipsis. Siguiendo esta tradición no reconocida por la Iglesia, el arcángel Uriel es el custodio de las llaves del infierno donde están confinados los demonios que San Miguel ha ido venciendo a lo largo de los siglos. Llegado el día del Juicio Final, Uriel tiene la misión de abrir el infierno para que se produzca la batalla final entre los ejércitos del bien y del mal.

Las representaciones iconográficas del arcángel Uriel varían bastante unas de otras. Gracias a ellas podemos observar las diferencias tanto entre judaísmo y cristianismo, como entre las diferentes corrientes cristianas. Unas veces es representado con una espada de fuego, una llama, objeto que comparte con el arcángel San Miguel. En ocasiones se añade a esta representación una bola, a modo de orbe, que simboliza la luz eterna, esencia de Dios. Aunque de forma más escasa, también ha sido representado con un rollo de papiro para simbolizar sabiduría.

Oración para Uriel

Ángel de la paz, arcángel de Dios, ángel de la custodia celestial. A ti me encomiendo. / Tú eres mi defensor, mi vigilante, mi centinela.

Te doy gracias porque me libras de muchos daños en el cuerpo y en el alma.

Te doy gracias porque estando dormido me velas, y despierto me encaminas por la senda de la virtud con tus inspiraciones divinas.

Perdóname mensajero del cielo, consejero, protector y fiel guardia mía. Eres muro fuerte de mi alma y compañero celestial. / Intercede por mí ante Dios para que su misericordia perdone mis desobediencias, vilezas y descortesías.

Ayúdame. Guárdame de noche y de Día. Amén.

Vasariah
Ángel de la pureza virginal

PERTENECE A LAS DOMINACIONES, ORDEN QUE OCUPA EL PRIMER LUGAR DENTRO DE LA SEGUNDA JERARQUÍA CELESTIAL. EN LA TRADICIÓN JUDÍA SU NOMBRE ERA «DIOS ES JUSTO».

El cristianismo, con motivo de las múltiples apariciones del ángel Vasariah en los primeros siglos de nuestra era, prefirió otorgarle el título de ángel de la pureza virginal. Cuenta la tradición que Vasariah fue el ángel que se apareció a Santa Cecilia. Ella era una joven romana del siglo IV d.C. perteneciente a la influyente familia de los Metelos. El encuentro con el ángel le había llevado a convertirse al cristianismo y a entregar su virginidad a Dios. Ella estableció con el ángel un pacto para que él la custodiara mientras ella guardaba su pacto de virtud con el Señor. Como en aquella época las mujeres no eran plenamente dueñas de su destino, la familia de Cecilia concertó su matrimonio con un noble llamado Valeriano. Se celebró el matrimonio civil y llegado el momento de la consumación Cecilia le reveló su secreto: «[…] Has de saber que un ángel vela por mí. Si me tocas como si yo fuera tu esposa, el ángel se enfurecerá y tú sufrirás las consecuencias. Pero si me respetas, el ángel te amará como me ama a mí». Incrédulo ante este mensaje, Valeriano pidió a Cecilia pruebas de su secreto. Ella le requirió que antes de mostrarle las pruebas debía bautizarse. Valeriano accedió y fue bautizado por el Papa Urbano I. Una vez convertido al cristianismo el ángel Vasariah se apareció al matrimonio, los bendijo y los coronó con rosas y azucenas. Ambos vivieron como esposos, pero sin contacto carnal.

La tradición reconoce que el ángel acompañó a Cecilia durante toda su vida. Ella y su esposo sufrieron persecución y martirio y el ángel les insufló fuerza para mantenerse firmes en la fe. Santa Cecilia compuso numerosos cánticos que recitaba mientras era torturada. Estas antífonas fueron dictadas por el ángel Vasariah. Con el tiempo Santa Cecilia se convirtió en patrona de los músicos.

Oración para Vasariah
Ángel custodio de la virginidad, intercede por mí ante Dios para reponer la pureza de mi alma para poder acceder al perdón de mis pecados y a los beneficios de la vida eterna. Amén.

Vehuel
Ángel de la paz

AL PERTENECER AL CORO ANGÉLICO DE LOS PRINCIPADOS,
HA TENIDO EL ENCARGO DE CUSTODIAR AL ANTIGUO PUEBLO DE ISRAEL.

Los principados son los ángeles guardianes de pueblos, naciones o instituciones. Vehuel, cuyo nombre puede traducirse por «Dios grande y elevado», guardó durante más de cuarenta años al general hebreo Gedeón, que consiguió devolver la libertad a los judíos. Gedeón fue el quinto de los jueces de los hebreos.

Era también un guerrero que consiguió librar a los judíos de la invasión madianita. Los judíos, debido a las costumbres de los invasores, habían ido perdiendo su tradición religiosa y se habían abandonado a costumbres y prácticas paganas. Un grupo de israelitas, temerosos de Dios y avergonzados del comportamiento de sus hermanos, oraron a Dios y rogaron ser perdonados.

Gedeón, que se mantuvo fiel a Dios, se encontraba moliendo trigo a escondidas de los madianitas, en el llano de Ofrá, cuando tuvo una visión en la que se le apareció el ángel Vehuel. «Ve, y con tu fuerza salvarás a Israel del poder de los Madianitas» (Jue 6,11). Ante la incredulidad de Gedeón, el ángel le pidió que trajera carne, panes ácimos y el caldo de la cocción del cordero. Le pidió que pusiera todo ello sobre una roca, bajo la encina en la que ambos se estaban cobijando del sol. Gedeón lo hizo así y el ángel «[…] tocó con la punta del bastón que llevaba en la mano y salió de la roca un fuego que los consumió. Enseguida el ángel desapareció de su vista».

Con esta visión y gracias a la custodia angélica, Gedeón se convirtió en líder de los judíos y consiguió poner en marcha una serie de movimientos populares que devolvieron el control de su tierra a los hebreos. Gedeón mandó construir un altar en el lugar en el que el ángel hizo el milagro, y en honor de la aparición angélica con la que fue bendecido llamó al altar que todavía hoy hay en Ofrá «El Señor es la paz».

Oración para Vehuel

Dios misericordioso, Tú que nos creaste libres, y que has puesto a los ángeles en nuestro camino para que guíen nuestros pasos, ayúdanos a seguir su consejo y evitar tomar el camino de la violencia y la guerra. Te ruego que tu ángel de la paz pueda tocar nuestro corazón. Amén.

Vehuiah
Ángel de la sabiduría

ES EL ÚLTIMO DE LOS SERAFINES Y EL ENCARGADO
DE UNGIR Y BENDECIR AL PROFETA DANIEL.
EL NOMBRE DE VEHUIAH PODRÍA TRADUCIRSE POR
«DIOS GLORIFICADO Y ELEVADO POR ENCIMA DE TODAS LAS COSAS».

Tradicionalmente, se ha creído que este ángel es el que otorga la sabiduría para elegir el camino correcto en cada momento de la vida. El profeta Daniel tuvo un contacto directo y continuado con los ángeles. Dios envió a sus mensajeros para guardar a Daniel de todo peligro y para ayudarle en su tarea de guiar al pueblo de Israel. La Iglesia le considera uno de los profetas mayores. Fue un funcionario judío en la corte de Babilonia, en la época del exilio hebreo en Persia, que consiguió hacerse merecedor del favor real, pero despertó las envidias de los sátrapas persas que compartían su trabajo.

El episodio de la unción de Daniel por parte del serafín Vehuiah es relatado en el capítulo décimo del libro de Daniel. El profeta narra en primera persona la visión que le ungió como elegido de Dios y le llenó de la sabiduría divina. Daniel cuenta que se encontraba a orillas del río Tigris cuando alzó sus ojos y observó que: «Un hombre vestido de lino, ceñido con un cinturón de oro fino. Su cuerpo brillaba como el crisólito, su rostro brillaba como el relámpago, [...] y el sonido de sus palabras era como el estruendo de una multitud» (Dn 10,4-6). El ángel le calmó y le dijo que no temiera. Le informó que las palabras que iba a escuchar abrirían su mente y su comprensión y servirían para liberar a Israel y como profecía futura. Daniel relata el momento en el que el ángel le ungió, como han hecho todos los serafines con los profetas: «De pronto [...] tocó mis labios. Yo abrí la boca y me puse a hablar» (Dn 10,16). Desde ese momento Daniel tuvo acceso al conocimiento de «El libro de la Verdad» y predicó la palabra de Dios entre sus hermanos.

Oración para Vehuiah

Ángel de la sabiduría, tu intercesión otorgó a Daniel el poder de conocer los verdaderos pensamientos de Dios. Te ruego que también intercedas por mí para iluminarme en la oscura soledad del pecado y poder evitar toda sombra de tentación. Amén.

Yeiayel
Ángel de Fátima

PERTENECE AL CORO DE LOS TRONOS, DE LA PRIMERA JERARQUÍA ANGÉLICA,
Y ERA PARA LOS JUDÍOS «LA DERECHA DE DIOS»,
EN UN SENTIDO DE HERRAMIENTA O SER DE CONFIANZA DE DIOS.

Los tronos ocupan el tercer lugar en la subdivisión en jerarquías y son considerados el punto de unión entre los espíritus angélicos que continuamente se encuentran en la presencia de Dios y los que están dedicados a la custodia individual en la Tierra. Para los cristianos Yeiayel es uno de los ángeles más queridos del Cielo. En las apariciones marianas que se han producido a lo largo de los siglos, encontramos con frecuencia la presencia de un ángel que avisa, que prepara espiritualmente a los que serán testigos de la milagrosa aparición de la Virgen María.

En los registros eclesiásticos encontramos que en el año 1916, un año antes de la aparición de la Virgen en la Cova de Iría, se encontraban tres pastorcillos rezando el rosario cuando se les apareció un ángel. Ellos lo describieron como un muchacho joven, con unas vestiduras muy blancas y brillantes: «No temáis, yo soy el ángel que os trae la paz, rezad conmigo».

Dos veces más durante ese verano el ángel visitó a los niños. Se cuenta que el ángel los amonestaba por no dedicarse a la oración. En una de sus apariciones, el ángel les enseñó una oración y les indicó que mientras la recitaran los corazones de Jesús y María se unirían a los suyos. La última vez que el ángel se apareció a los pequeños fue nueve meses antes de la llegada de la Virgen.

El ángel les llevó a la cueva donde semanas después se produciría el milagro de Fátima. Allí les pidió su colaboración y los cuatro consagraron el lugar a modo de los antiguos tabernáculos judíos. La oración todavía hoy es repetida cada día, tres veces, en el Santuario de Fátima (Portugal).

Oración para Yeiayel

Dios mío, os creo, os adoro, os confío y os amo. E imploro perdón
para los que no os creen, no os adoran, no os confían ni os aman.
Amén. (recitar tres veces)

Yerathel
Ángel exterminador

LOS HEBREOS LO LLAMABAN «DIOS CASTIGA A LOS MALVADOS» Y LA TRADICIÓN CRISTIANA MANTIENE LA DEVOCIÓN DE ESTE ÁNGEL QUE CUMPLE UNA IMPORTANTE FUNCIÓN DENTRO DEL COMPLEJO PLAN DE DIOS PARA LOS HOMBRES.

Aunque el coro de las dominaciones a las que pertenece Yerathel es muy conocido por su bondad y misericordia, es conocido como el ángel exterminador. Desde el comienzo de la Escritura Dios se ha servido también de sus ángeles para aplicar castigos y ejecutar sentencias entre los hombres. Desde el envío del diluvio universal, a las sucesivas expulsiones de los judíos de la Tierra Prometida, o las plagas que cayeron sobre Egipto hasta que el Faraón permitió que los hebreos, liderados por Moisés, abandonaran la tierra del Nilo.

También en el Nuevo Testamento encontramos referencias al ángel de la muerte que cumple los designios de Dios que es relacionado con el judío Yerathel y aparece en el libro del Apocalipsis dando cumplimiento a las profecías que anunciaron la purga entre las almas como paso previo a la segunda venida de Jesús a la Tierra. También es conocido por algunas iglesias protestantes, como Abadón.

Cuentan que el ángel exterminador es el que encadenó en el abismo del infierno a Satanás para que permanezca allí hasta los días previos al Juicio Final. El libro del Apocalipsis se refiere a él como: «Otro ángel salió del Templo que está en el Cielo, llevando una hoz afilada. [...] él tiene poder sobre el fuego [...] el ángel pasó la hoz afilada sobre la tierra y [...] arrojó los racimos en la inmensa cuba de la ira de Dios [...] de la cuba salió tanta sangre que llegó a una gran altura» (Ap 14,18-20). Este pasaje, cargado de simbolismo, nos relata la cruenta labor que tendrá que desarrollar Yerathel con los que no hayan sido merecedores de la gloria de Dios, y voluntariamente hayan entregado su vida a Satanás y el pecado.

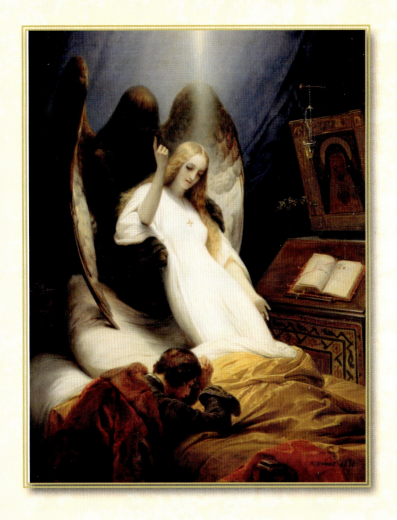

Oración para Yerathel

Dios Padre, Tú que enviaste las plagas a Egipto, castigaste a los que te negaron y juzgarás a los que se entreguen al pecado. Ilumina mi mente, y envíame a tus ángeles para que con su valiosa ayuda y consejo pueda encaminar mi vida hacia ti. Tú que eres la Luz, la Vida y la Eternidad. Amén.

ÍNDICE

Achaiah	64
Aladiah	66
Aniel	68
Arial	70
Cahetel	72
Caliel	74
Chavakiah	76
Damabiah	78
Daniel	80
Elemiah	72
Eyael	82
Gabriel	84
Haaiah	88
Haamiah	90
Habuhiah	92
Hahahel	94
Hahaiah	97
Hahasiah	98
Haheuiah	100
Haiaiel	92
Hariel	96
Haziel	102
Hekamiah	104
Ielazel	106
Iezael	122
Imamiah	98
Israfel	108
Jabamiah	92
Jeliel	72
Lauviah	110
Lecabel	112
Lehahiah	114
Lelahel	116
Leuviah	118
Manakel	120
Mebael	122
Mebahiah	124
Melahel	126
Menadel	128
Miguel	130
Mihael	134
Mikael	136
Mumiah	138
Nanael	140
Nelkhael	142
Nith-Haiah	144
Nithael	146
Omael	148
Pahaliah	150
Poyel	152
Rafael	154
Rehael	158
Reiyel	160
Rochel	162
Seheliah	164
Seheiah	166
Sitael	168
Uriel	170
Vasariah	174
Vehuel	176
Vehuiah	178
Yeiayel	180
Yerathel	182